U0918646

问道

王宜峻 著

宗教文化出版社

图书在版编目（CIP）数据

问道大丰山 / 王宜峻著. -- 北京 : 宗教文化出版社, 2024.9

ISBN 978-7-5188-1593-7

Ⅰ. ①问… Ⅱ. ①王… Ⅲ. ①道教－信仰－文化遗产－研究－中国 Ⅳ. ①B958

中国国家版本馆CIP数据核字(2024)第055597号

问道大丰山

王宜峻 著

出版发行： 宗教文化出版社

地　　址： 北京市西城区后海北沿44号（100009）

电　　话： 64095215（发行部）　64095345（编辑部）

责任编辑： 马嫣含

版式设计： 悟阅文化

印　　刷： 鑫艺佳利（天津）印刷有限公司

版本记录： 787毫米×1092毫米　16开　14.75印张　205千字

2024年9月第1版　　2024年9月第1次印刷

书　　号： ISBN 978-7-5188-1593-7

定　　价： 180.00元

欧阳真仙是清流土生土长的“神仙”。千百年来，这一民间信俗活动主要分布在以大丰山为核心的清流、永安、连城、三元、沙县、宁化、明溪等地交界的广大区域。欧阳真仙不仅受到其“产地”清流信众的膜拜，而且得到周边地区信众的相当高的礼遇。欧阳真仙崇拜在闽西、闽中、闽南甚至赣南、粤东一带都具有一定的影响力。

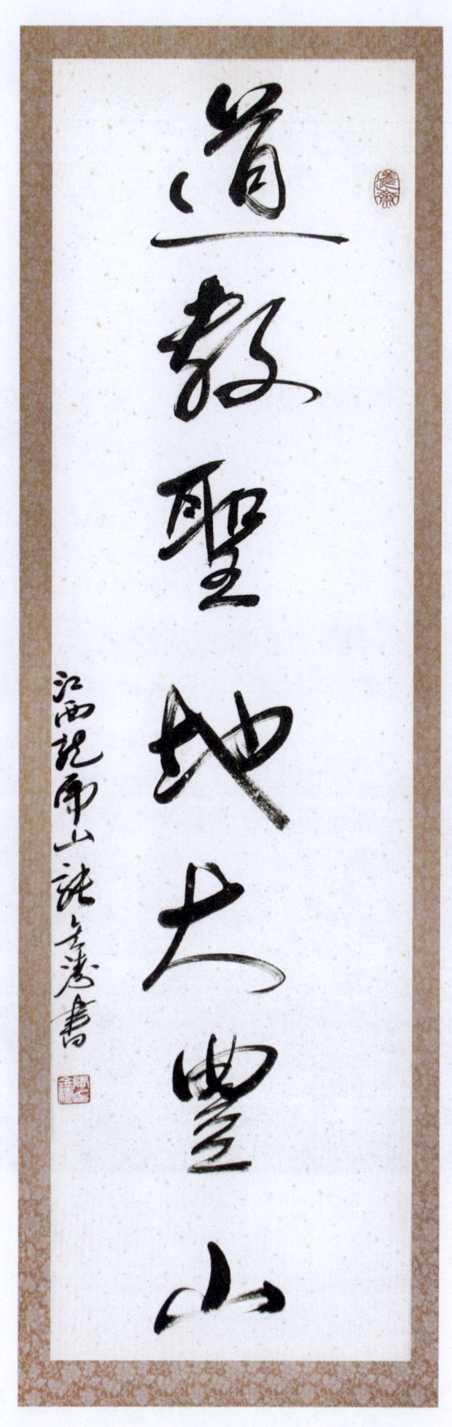

▲ 中国道教协会副会长张金涛题字

问道

▲ 清流大丰山（张启沧　摄影）

《清流县志》云："丰山，在罗村里，山峭奇绝，有云气覆之，秋霁方露全体。"

▼ 清流仙人岭（陈汝辉　摄影）

又名灵台山，山藏五寺，由山脚往上，依次为永乐、定光、圆通、翠峰、福源五座寺庙。

▲ 连城老盈山（陈汝辉　摄影）

《清流县志》云："盈山，即老人山，在北里。山极陡峻，林木滴翠，在丰山对面，如二老人翘首天际，云气往来不定，亦胜境也。"

▲ 无中生有（陈立忠　刻字）

▲ 龙岩新罗小溪水库（陈汝辉　摄影）

▲ 连城员峰山（陈汝辉　摄影）

▲ 宁化狮子峰（陈汝辉　摄影）

▲ 信徒朝拜大丰山（AB　摄影）

▲ 赖坊庙会狮龙会（AB　摄影）

▼ 赖坊庙会“走古事”（红菇　摄影）

▲ 余朋泰山仙公庙庙会活动（青牛　摄影）

▼ 大丰山草场牧牛（AB　摄影）

序一

古语有云："山不在高，有仙则名；水不在深，有龙则灵。"大丰山者，夙为闽西仙境，道教圣地[①]。《清流县志》有云：其山极为险峭，乱峰如削，顶如磨磐，云气重复，潺涧奔雷，怪松偃卧，令人骇目惊心也。相传宋代淳熙年间，有刘道士率其徒数人，志在觅道，裹粮诛棘，扪萝上行，六日方至其顶。但见坦夷如砥，可坐千人，上有田地棋局并道人丹灶，叹为神仙窟宅。

清流大丰，高山仰止，欧阳真仙，景行行止。据欧阳氏谱所载，真仙原姓欧阳，名大一，字世清，生于唐戊申年七月十五日。诞生之前，其父曾梦仙人骑鹿入室，其母怀妊十有四月，乃降生于清流上堡阳坊下窠村，生时霞光灿烂，照耀户庭，天下初平，世界清晏，故字"世清"，是为唐世仙人入清流。及长目光如电，澄静冲和，动静行为，与众迥殊，相呈凌云太虚之妙，至年十六超悟玄微。后从道人云游丰山，呼吸云岚，不思谷食，遂绝弃尘俗，矢志修持。至四十二岁功行方成，神通仙界，尸解在岩，乡人祀之，殊是灵响，"人皆神其灵威，函骨范金像贮山中"，乃于大丰山化身岩前建

① 因大丰山上有顺真道院，为宗教部门登记批准对外开放道教活动场所，故有"道教圣地"一说。

立官庙崇祀，信众朝觐，祭祀不忒，凡水旱疫疾，祈求立应，宋淳熙年间敕封为“通天妙应欧阳真君”，欧阳真仙信仰遂从清流大丰山传播至永安、连城、宁化、沙县、三元、明溪等地，形成影响广泛的欧阳真仙信俗文化。

仙由人修，道由人弘，数百年来首先对欧阳真仙信仰加持传播者即为清流、连城沈氏之始祖沈冰洁，后续有丰山脚下官坊村上官六郎后裔等。明初国子监祭酒张显宗曾撰有《重修丰山沈氏碑记》，其云：“丰山者，今欧阳真仙官阙，初故侍郎沈公佳城也。公讳彪，在宋有护卫功，诰封银青光禄大夫，检校国子监祭酒，兼殿中侍御史、上柱国。”相传沈侍郎后痛伤于国事，辞官归隐于清流大丰山，与欧阳真仙结为金兰之好，“今欧阳真仙官阙，初故侍郎沈公佳城也”。南宋绍兴年间，真仙望气云端，隐隐灵异，遂与侍郎之子商议另择吉穴，“于是卜一里许改迁公冢，而真君遂从原圹右坐化焉，是为今之化身岩”。化身岩侧建有顺真道院，正殿供奉欧阳真仙，左旁宗祠供奉沈侍郎。自明代以来，每年农历八月初一，沈氏族人都要到大丰山举行共祀沈侍郎和欧阳真仙的祭祖仪式，沈氏家族并在大丰山仙源堂设立田租，形成稳定的家族资产，专门用作每年的共同祭祖仪式。欧阳真仙信仰原为清流地域的神明信仰，属于中国古代社会小传统的文化范畴；而沈氏家族则为传统的官宦士绅，其建造宗祠祭祀先祖以行教化的社会行为，应属古代社会大传统的文化范畴。而沈氏族人能够着眼于家族的长远发展并因应地方社会民众的信仰需求，将小传统的地域信俗与大传统的祖先崇拜加以结合，并通过士绅阶层特有社会资源的运作，使欧阳真仙于宋代淳熙年间被敕封为“通天妙应欧阳真君”，获得皇朝的正式认同成为“正祀”，从清流地域的民间信俗扩展及于八闽之地的永安、连城、宁化、沙县、三元、明溪等地，并随着客家移民的迁徙，传播到了我国沿海地区乃至东南亚的华人生活区域，既成为福建地区饶有特色的地域信俗文化，又自然成为中国传统文化的客观组成部分，其立德、行善、大爱的信仰精神，数百年来对以清流为中心并扩展于周围地域乃至海外的大量信众的生活习俗、道德观念、价值取向以及行为方式都产生了深刻和长远的影响。近年来，欧阳真仙信俗文化先后被列为三明市和福建省的非物质文化遗产，成为我国民间信俗文化的一笔宝贵精神财富。

余去岁借助于三明市道教协会林开壮秘书长的因缘，得以前往大丰山瞻仰祭拜欧阳真仙。时在辛丑孟夏，山路崎岖，车至山巅，虬松劲挺，云雾弥漫，心旷神怡，如入仙境，不禁吟诵起清邑诗人赖世隆早年所赋登临之诗："万仞云峰护一山，九天风露透衣寒。固知仙境多灵迹，莫向棋坪着意看"。时至正午方至顺真道院，怀着虔敬的心情拾阶而上进入山门，但见信众满堂，香火鼎盛，有个人烧香还愿者，有集体组团参拜者，人人神情肃敬，参礼祭拜，呈现了欧阳真仙信仰热切虔诚的真实场景，令人感动，心存景仰。随后在道院住持的带领下，前往正殿上香祭拜欧阳真仙，并在左边祠堂参拜了沈侍郎真容，久有访仙志，初上大丰山，终于在道教圣地得遂平生之愿!

清流名家王宜峻先生，曾负责管理当地民宗事务，最近改从地方史志研究，热心弘扬传统文化，常年躬自乡情调查，学识丰赡，著述颇富。十余年前曾编著《欧阳真仙寻踪》一书，记述了以大丰山为核心区域的欧阳真仙信俗文化产生、发展及其传播，为深入研究欧阳真仙信俗文化，发挥其正向引导等方面起到了积极作用。近年更与多位同好在原书基础之上，开展田野考察，反复实地探访，多历艰难，寻踪寻真，严谨认真，再行拓展，终于撰成《问道大丰山》之大著，既客观翔实地考察了欧阳真仙信仰如何从闽西向赣粤乃至海外地区拓展的历程，又分别深入探讨了欧阳真仙信俗文化分布传播与演变发展的信俗特点以及对当地传统文化的影响等多个方面，为在新时代弘扬优秀传统文化作出了地方学者的应有贡献。余与宜峻先生有前之访道大丰仙山之缘，书成嘱序，义不容辞，拜读之后，略述感想于上，尚望贤人君子有以教之。

华侨大学哲学与社会学院教授、博士生导师 黄海德

2022年3月25日于琼岛

序二

欧阳真仙信俗也称作阳仙公信俗，是以崇奉和颂扬真仙的立德、行善、大爱精神为核心，以欧阳真仙宫庙为主要活动场所，以习俗和庙会等为表现形式的民俗文化。清流大丰山是欧阳真仙信俗的发祥地和欧阳真仙祖庙所在地。欧阳真仙的信俗活动主要分布在以大丰山为核心的清流、永安、连城、三明、宁化、明溪等地交界的广大区域，甚至流传于闽粤赣等更远的乡村和地区。自宋元以来，各地对其崇祀不绝。作为地方保护神，欧阳真仙以其充满神力的传说故事、诚善公信的处世哲理、淳朴相守的民间情感，持续地影响着当地的习俗文化。

欧阳真仙是清流本土诞生的著名神祇。明嘉靖陈桂芳修纂的《清流县志·仙释》称："欧阳仙，坊郭里人，结庐于丰山顺贞道院，养真修炼后坐化。乡人祀之，极灵感。水旱灾疫，有司及人引之，随车而雨，能动风雷。"每逢农历七月十五欧阳真仙诞辰，在欧阳真仙信仰的分布地区的宫庙都会举办规模、时间不一的祭祀、进香、巡境等活动。尤其是在清流县欧阳真仙的旧居官坊村和故里下窠村，这一信俗活动更是受到信众的追捧，内容也更加丰富多彩。在当地的其他庙会，也或多或少与欧阳真仙信俗关系密切，庙会若有"游神"活动，欧阳真仙也常陪伴左右。

本土神明的产生、塑造及信仰传播，有其极为厚重的民间土壤。对欧阳真仙的崇拜，首先源于落后农耕文化时期，人们对神秘大自然的未知和对疫疾死亡的恐惧，转而求助神仙救困济弱、驱瘟治病、祈雨求阳、消灾除厄等超能力，希冀通过对其膜拜祈求而实现内心安宁。民间的这一做法，首先使欧阳真仙在清流大丰山一带小有名气，尔后由于连城沈氏家族的极力推崇，形成祖先崇拜文化，其影响力日渐扩大，进一步塑造了欧阳真仙的超能形象。

相传，明季以来，连城沈氏家族在丰山建祖坟、祖祠和庙宇，并巧妙借助当地真人欧阳真仙的影响力，通过祭祖并向真仙信徒开放宫庙，在维护并提升其家族社会地位的同时，将欧阳真仙信仰推向一个全新高度，使之成为闽西一带民间普遍祀奉的神明。而欧阳真仙社会影响力不断扩大，又引起了统治者的重视，为强化对地方控制，统治者对其形象进行进一步塑造。传南宋孝宗皇帝于淳熙年间（1163—1189），敕封欧阳真仙为“通天妙应欧阳真君”，将其纳入维护统治秩序的神灵体系之中，最终实现了由“淫祀”向“正祀”的转变。欧阳真仙由此走出大丰山，走向清流以外的永安、连城、沙县、三元、宁化、明溪等县（市、区），甚至更远地区的乡村。有资料表明，欧阳真仙信仰早先在汀州府各县都有一定的信众基础，很多地方都有建庙祀奉。目前，欧阳真仙信仰还随着人口流动，向江西、广东，甚至海外一些地区继续传播。

民间信俗传承与传播必然有一定的活动载体。清流、永安、连城、沙县、三元、宁化、明溪等地的一些乡村，每年都在固定时间举办欧阳真仙醮会。早年，清流城关在每年农历四月初三至五月初三都要举办为期一个月的欧阳真仙醮会，这是周边各地时间最长、规模最大的醮会。数百年间，信众对欧阳真仙的崇祀从未完全中断，形式和内容也愈加丰富。今日，崇祀欧阳真仙的宫庙和这一信俗文化影响下的一些乡村，几乎在每年农历七月十五欧阳真仙生日前后和正月期间，都隆重举办仙公醮会。也有的地方是在农历九月初九重阳节这天或是其他特定的纪念日举办。有的信

众除了参加欧阳真仙醮会，还会在年节喜庆之日于家中祭拜，甚至农历初一、十五从不落下，或于家中神龛供奉“欧阳真仙神位”“通天妙应欧阳真仙神位”，或在神龛上张贴“大丰山欧阳真仙”神符。

神仙往往居于灵山福地，欧阳真仙的神力也与高险陡峻的大丰山紧密相连。大丰山是清流县周边中最为高耸峻拔、闻名遐迩的大山，其连绵几百里的山脉，将多地的信众连接起来，是信众心目中的圣山。传说欧阳真仙在此山中修炼成仙，流传许多神奇的传说故事，众多拜谒者为此仰慕其灵威跋山涉水而来，留下了大量精美的诗文，大丰山道教圣地因此更是盛名远扬。信众还将欧阳真仙与连城老盈山的罗仙、员峰山的赖仙联系起来，编撰了“三仙”义结金兰的故事，以进一步强化和扩大他们的影响力。在连城，凡有崇奉赖仙、罗仙的宫庙，几乎都同时供奉着欧阳、罗、赖“三仙”，且欧阳真仙多被尊为“老大”居神龛中央受祀。

千年岁月，悠悠而往。老百姓将美好的希望寄于欧阳真仙身上，亲切称之为仙公，官坊人则称“欧阳仔”“欧阳伯公”，视之为客家人的保护神，家供神像、门贴神符。民间性、亲和性是欧阳真仙信俗的明显特点。信众每年要定期前往大丰山朝拜欧阳真仙，不少人家婚嫁、丧葬、安门、立灶等择吉日，必“问诰”欧阳真仙。欧阳真仙信俗与百姓生活水乳交融，世代相传，是民间祈福文化的重要内容之一。然而，欧阳真仙民间信俗文化传承至今，习俗与迷信的关系被逐步廓清，无论从文化内核还是文化形式，它更多演变为一种民间对和谐、向善、互助、正义的社会秩序的向往，演变为一种心系故土、萦念家园的情愫，成为一份独一无二的非物质文化遗产。2018 年 7 月，清流欧阳真仙信俗入选三明市第五批非物质文化遗产名录，2019 年 2 月入选福建省第六批非物质文化遗产代表性项目名录，成为民间信俗文化中一笔巨大的精神财富。

文化的根本作用就是以文化对人进行塑造，人创造文化，也生活在文化中，被文化所塑造。传承和弘扬信俗文化，要认真汲取其中的思想精华和道德精髓。文化应当在助力乡村振兴方面发挥积极的作用。清流县有丰富的欧阳真仙信俗、民俗文化资源，历史悠久，独具特色，是不可多得的珍贵的传统文化资源。今天，我们研究欧阳真仙信俗文化资源，就是要深入挖掘和阐发其符合中华优秀传统文化的讲仁爱、重民本、守诚信、崇正义、尚和合、求大同的有关内容，引导民众开展健康有益的文化活动，在促进社会进步、稳定社会秩序、构建和谐社会中发挥积极作用。

太上正一盟威经箓

丁酉科升授道士 李法轩

三明市道协咨议会主席

2023年8月30日

目录

CONTENTS

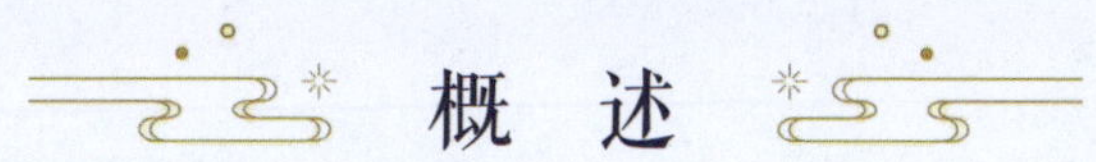

概 述

欧阳真仙信俗文化是闽西社会重要的文化资源。自宋元时大丰山创建顺真宫供奉欧阳真仙以来，欧阳真仙逐步成为闽西乡村许多信众崇拜的神灵。欧阳真仙作为清流本土诞生的神祇，信众的需求和士大夫阶层的推动以及统治者的加封，使其影响力不断扩大，终成为肇起于家族尔后普遍祀奉的地方神。千百年来，对其崇祀在以大丰山为核心的清流、永安、连城、沙县、三元、宁化、明溪等地不断发展、丰富，并播衍至闽西北、赣南、广东，甚至海外的一些客家人聚居区，成为当地民间活动和信俗文化的重要内容。

（一）

欧阳真仙，名世清，号大一，唐戊申年（888）七月十五日子时生于清流上堡阳坊下窠村（又名下戈）。下窠村距清流县城 10 千米，始祖欧阳万春生于 825 年，自江西庐陵入闽，官至建宁府尹。874 年万春挂冠归隐清流，迄今已有 1100 多年历史。传说，欧阳真仙的母亲董氏怀胎十四个月，在生产之际，他的父亲想七梦见有仙人骑着仙鹿降临。霎时，黑暗的天空现出一道绚丽的光芒，奇香笼罩着屋子并有祥云环绕，还隐约可闻

大丰山下的农田村庄（红菇　摄影）

笙箫管竹之音，世界一片清平安宁，所以他们就给这个刚出生的男孩子取名世清。据《下窠欧阳氏族谱》记载，想七为下窠始祖欧阳万春的第三个孩子，他共生育七个男孩，世清为大，故称大一。

因父母早亡，世清只好投奔嫁到赖坊官坊村的姐姐家，帮他们放牛。官坊村位于清流县东南部，2019 年 6 月住房和城乡建

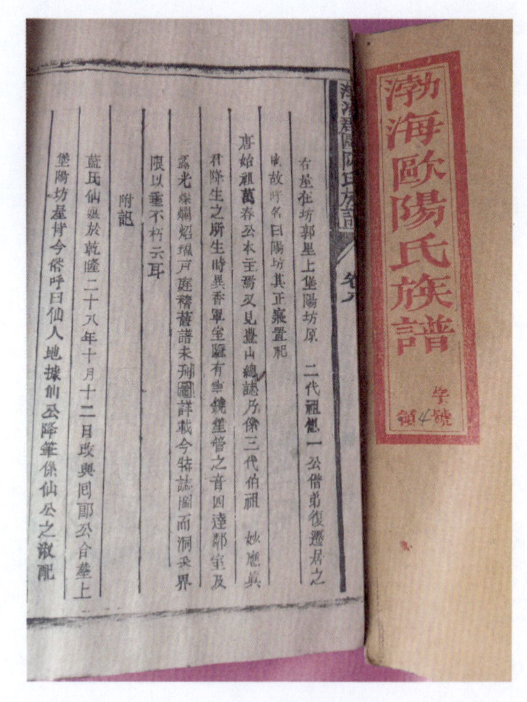
渤海歐陽氏族譜

右屋在坊郭里上堡陽坊原　二代祖德一公偕弟復遷居之
由故呼名曰陽坊其正寢置祀
寓始祖萬春公本主壽又見豐山總誌乃係三代伯祖　妙應真
君降生之所生時異香單室隱有笙簫管之音回達鄰室及
孫光燦爛炤耀戶庭稽舊譜未列圖詳載今特誌圖而洞悉界
限以垂不朽云耳
附記
藍氏仙娘於乾隆二十八年十月十二日戌與回耶公合葬上
堡陽坊屋背今俗呼曰仙人地據仙公降筆係仙公之淑配

《下窠欧阳氏族谱》中关于欧阳真仙出生的记载

设部将官坊村列入第五批中国传统村落名录，有欧阳真仙放牛时站在窗外偷听私塾老师讲课的缵文塾和欧阳真仙旧居等胜迹。很小的时候，世清就表现出天赋异禀。相传，世清在大丰山放牛时，得到仙人指点，于是坚志修持，呼吸天地云岚之气，不思五谷之食。不慕想尘俗，至四十二岁功行方成，神通仙界，尸解在岩。“乡人祀之，旱涝疫疠，祈辄有感应，殊是灵响”。乡人对世清的神力非常崇拜，“人皆神其灵威，函骨范金像贮山中”，于大丰山化身岩前建立宫庙崇祀他，一年四季前来朝觐的信众络绎不绝。

传说，宋淳熙年间（1174—1189），京师大旱，张天师奉孝宗皇帝之命，宣召欧阳真仙入朝祈雨。世清被传召至祈雨坛祈雨的第二日，天降甘霖，一解大地久旱，朝廷上下皆为欢悦，皇帝遂敕封欧阳真仙为“通天妙应欧阳真君”，并派人将其送回大丰山，欧阳真仙的神名由此广播四方。

目前，欧阳真仙信众主要分布在以大丰山为核心的清流、永安、连城、宁化等广大区域内，由于种种原因，其信仰还扩散至沙县、三元、明溪的部分乡村，甚至向更远的地域传播。几百年来，各地崇祀欧阳真仙的信俗活动从未中断，延续至今。

（二）

提起大丰山，人们自然会联想到欧阳真仙；欲朝拜欧阳真仙，信众往往首选登大丰山。从某种程度看，大丰山似乎就是欧阳真仙的代名词。欧阳真仙与大丰山有着很强的关联，大丰山不仅是人们登山悠游的胜境，更由于欧阳真仙在此修炼得道的传说，乡人“建庙祀亡”成为广大信众朝拜的圣地，并发展成为每年定期打醮祭祀欧阳真仙的信俗活动的最重要场所。

大丰山为武夷山脉南段，其主峰棋盘峰位于清流县赖坊镇与永安市罗

问道大丰山（丁祖和　摄影）

坊乡交界处，海拔1706米，为三明境内海拔第三高峰。南宋胡太初修、赵与沐纂的《临汀志》载：“丰山，在清流县东南一百二十里罗村团。昔人以其丰大而顶如磨，故呼为丰山。磨上常有云雾蒙翳，秋霁全体方露，崭岩峭绝，人迹不到，惟采石耳、龙须者间及阿麓。淳熙间，邑有道人刘姓者，一日，与其徒五人奋身欲登绝顶。于是嬴十日粮，腰斤秉燧，诛棘扪萝以进。可半日，见美榇数千章，已而渐有迂径，若人所经行之地。凡六日乃至。其巅坦平如砥，可坐数十人。上有田池、棋局、丹灶，池有珍禽异藻，平地有础石散乱如故居废址。纵目遐眺，仿佛见宁化、将乐、沙县之远，真神仙宅。刘尝挟毫楮而往，每遇佳处，辄赋诗，惜其不传耳。”清道光《清流县志》又载：“宋淳熙间，有刘道士与其徒五人，裹十日粮，诛棘扪萝而上，行半日，渐有荒径，若人所经行之处。六日乃至其颠，坦夷如砥，可坐数千人。上有田园，又有棋局、丹灶、础石散乱于地。岩上累石尺许，风吹晃动不坠。后欧阳真人修炼于此。”顺真道院

大丰山顺真道院（AB　摄影）

就坐落在大丰山的主峰棋盘峰和香炉山之间的洼地上，明嘉靖《清流县志·寺观》载：“顺真道院在县南罗村里，地名丰山。宋宝祐六年（1258）道士张道清建。元末有欧阳氏，本县上堡人，结庐修炼得道尸解。乡人祀之，旱、涝、疫、疠，祈辄有感应，殊是灵响……”道院坐南朝北，石木结构，有上下两厅，占地面积约200平方米，神主即为欧阳真仙。为防高山风雨侵袭，早年道院建造上覆铁瓦，凌霜傲雪，风雷不动，古朴坚牢，风格鲜明。

大丰山省级森林公园自然风光秀丽多姿，以险峰趣石著称，其山势险峻，高耸入云，奇石嶙峋，古木参天，云雾缭绕，气象万千。欧阳真仙信俗文化为其蒙上了一层神秘面纱。从赖坊镇官坊村脚下庵起步，约行5千米即进入植被茂密的大丰山森林公园，峰、崖、洞、瀑、泉、溪各有千秋，云、雾、霜、霞各具风采。公园面积2000多公顷，是一个天然森林氧吧。从山脚到山顶，大丰山植被呈现出竹林、阔叶林、阔叶针叶混交林、针叶林、草地的地球纬度气候变化的特点。这里风景宜人，气候独特，是夏季休闲避暑和冬日观冰赏雪的旅游胜地。山中除顺真道院，还有棋盘山、化身岩、香炉山、拦牛石、牛绳路、七里林、土地庙、寄子岩、半山庵、情人瀑、脚下庵、官坊洞①等多处自然景观。登大丰山远眺，连城冠豸山、龙岩吊钟岩、清流琴源水库，以及赖坊和罗坊的村落，诸多秀丽景色，尽收眼底。香炉山、棋盘山直插云霄，周围群峰簇拥，错落排布，是观日出最佳之所。清邑诗人赖世隆登临赋诗：“万仞云峰护一山，九天风露透衣寒。固知仙境多灵迹，莫向枰棋着意看。”许多人游览大丰

---

① 据《清流县志（康熙）》，官坊洞，在罗村里，近丰山。初入，一窦如螺口，侧身转入，岩高数丈，形象奇怪。悬崖半开一孔，日光映照如五更天，空阔可容千人。洞腰一门，水环其外，深可至腹。过水一洞，石壑轩秀，洞侧一门，古木横倒若桥，幽深叵测。相传连有九洞，土人好事者止游至三洞，遂竦然疑畏云。

大丰山奇松怪石（红菇　摄影）

山不只为饱览秀美山川景色，更多是为了拜谒供奉在顺真道院内的欧阳真仙。“山高名自胜，况复有神仙。”明代吏部尚书裴应章赋诗佳赞：“露滴晴天雨，云低平岭松。蓬壶何处是，天际一声钟。”

大丰山秀美的自然景观和厚重的人文气息交融相汇，自古以来吸引了众多文人雅客登临抒怀，留下大量精美的诗文。天下名山僧多占，其实道教宫观对名山胜景更加钟爱。大丰山历来为修道求仙者最为向往之地。朝圣是大丰山最重要的信俗活动内容。欧阳真仙信仰者众多，传播范围广泛，登山朝拜者甚众。特别是每年农历七月十五顺真道院打仙公醮，在此前后几天，来自各地的朝拜者，少则几百人，多至数千人，高举彩幡浩浩荡荡上山来，祈求仙公庇佑平安吉祥、风调雨顺、五谷丰登。大丰山顺真道院每年都如期打仙公醮，但由于场地较狭小，无法容纳太多信众，或信众前往大丰山确属不便，各地便将欧阳真仙“香火”接回村内，设坛打醮。参与朝拜欧阳真仙进香的信众，上山之前均需斋戒沐浴，备好供品。传说，在下山途中，心诚者手执的彩幡的飘带，在风中不停摆动中，会不经意间自行打结，形状不一，而持幡人却毫无察觉。还说如果朝山者诚心不足，哪怕人为将彩幡的飘带打上结，也会自行解开。许多人对此特别迷信。一些特别虔诚的信众，在每年除夕夜还要上大丰山为欧阳真仙守岁。年复一年，大丰山逐渐演绎成闽西道教活动中心。尽管山路崎岖难行，各地前来朝拜的香客依然接连不断。

信众擎着彩幡前往大丰山“取火”（陈汝辉　摄影）

（三）

大丰山顺真道院正殿内偏左的神龛中供奉欧阳真仙雕像，左偏房为沈侍郎宗祠供奉沈侍郎雕像。沈侍郎是清流、连城沈氏的始祖，据《连城沈氏族谱》记载，清流、连城沈氏始祖沈冰洁，名彪，夫人胡凤娘，宋高宗

顺真道院供奉的真仙像（陈汝辉　摄影）

顺真道院上殿内景（陈汝辉　摄影）

时任三品兵部侍郎，授光禄大夫。北宋灭亡不愿降金，弃官归隐清流大丰山学道，遇欧阳真仙结为金兰。

明初张显宗（宁化状元）《重修丰山沈氏碑记》称道：“丰山者，今欧阳真仙宫阙，初故侍郎沈公佳城也。”其《碑记》解说，绍兴五年（1135），欧阳大一见这里“隐隐灵异”，就与侍郎的儿子商量，说这里适于建“仙宫”，若侍郎愿为“亚仙”，就请另择吉穴。迁冢之后，欧阳就在“佳城”的右边“坐化”。“化身岩”至今犹存。万历年间的《沈氏重修石门岩碑记》也宣称：“当侍郎公卜藏丰山，欧阳仙从公乞坐具，公许之，仙遂报以吉穴；选胜之余，复得石门。”从明代起，每年农历八月初一，沈氏族人都要到大丰山举行共祀沈侍郎和欧阳真仙的祭祖仪式，至今未中断。据考，对大丰山欧阳真仙的祭拜，在明以前基本为连城地方大族沈氏家族控制。明中期以后，随着闽西地域社会进一步正统化，地方神明欧阳真仙逐渐褪去大家族色彩，演变为官方认可的地方公共保护神。

丰山图说（来源于清道光《清流县志》）

连城沈氏始祖之所以能够入祀顺真道院，与其家族拳拳经营的祖先崇拜密切相关。“沈氏家族在丰山建祖坟、祖祠和庙宇，这是宋代祭祖习俗在明初的变异……沈氏家族维护其开山檀越权的背后，实际上是在维护沈氏士大夫的话语权。他们通过向真仙信徒开放庙宇，使沈氏丰山的称号在更大范围内获得认可，真仙给沈氏家族带来好风水的传说也在更大范围内传

播。”福州大学人文社会科学学院魏德毓教授，在他《闽西客家的真仙信仰与祖先崇拜：清流大丰山的象征意义》一文中，明确提出了这一观点。为此，沈氏家族历代士大夫都不遗余力地维护着这一特权，他们通过努力构建家族祖先崇拜与欧阳真仙崇拜之间的关系，并使其始祖取得欧阳真仙庙的“檀越权”而合理入祀真仙庙。明季，沈氏家族完全控制了大丰山的庵堂，僧人不过是沈氏家族的附庸。清光绪年间（1875—1908）任南靖县训导的连城人童选青，在记述沈氏重修丰山通真殿时说：“大丰山，初为沈冰洁公之佳城，继欧阳真仙宫也……”童选青的记叙是对沈氏家族士大夫几百年来努力的总结，表明至迟到清光绪年间，连城的士大夫已经完全认可这一说法。

大丰山侍郎公祠内供奉的沈侍郎像（青牛 摄影）

大丰山顺真道院左侧侍郎公祠（陈汝辉 摄影）

为了巩固沈氏家族多年构建的丰山象征和沈氏家族在丰山祭祀的合法性，沈氏家族在大丰山仙源堂（望仙庵）设立田租，形成家族资产，专门作为沈氏族人每年共同祭祖仪式之用。有了经费保障，使每年一次的沈氏祭祖仪式得以持续传承。历史上，时有不法之徒对沈氏家族田租觊觎和侵占，而若这一家族公共财产被侵，则必然动摇沈氏家族长期构建的丰山象征意义。连城沈氏家族对此进行了有力回击。据连城《沈氏族谱》记载，明崇祯年间道士吴茂淳借修葺庙宇之机，向其他家族募捐，并更改檀越名称，这一做法直接威胁到连城沈氏家族在丰山祭祀的权威性与合法性。所以连城沈氏家族来了一次集体动员，在生员沈魁的带领下，连城沈氏族人上告汀州知府，通过官方的勒石明禁，断绝不法之徒的觊覦，重新恢复了沈侍郎作为开山檀越的象征，使得始祖冰洁公开山檀越的地位得以稳固。《沈氏族谱》记载了当时州府判词：“置租赡僧，供奉香火，沈能私有其庵，不能私有其仙……”康熙五年（1666），沈氏家族又与土棍张仙衢打

大丰山望仙庵（陈汝辉　摄影）

了一场官司，恢复了被侵占的沈氏祭产。此后不久，又发生邓健如、钟亨我引诱道士意图侵吞沈氏祭产的事件，连城沈氏家族恳请汀州知府鄢翼明勒碑明禁，示之仙庵处人等知悉："阶前免究，嗣后不许土棍诱道，侵占本庵崇祀香火尝租。如有违例，许指名呈府，以凭拿究，断不轻贷。"连城沈氏家族士大夫如此努力的目的是，利用大丰山的象征性资源整合家族力量和控制地方社会。

（四）

明中叶后，欧阳真仙的影响力已大大超出清流大丰山范围。当时，民间均认为欧阳真仙非常灵验，大至大旱时祈雨、洪涝时化险为夷、瘟疫流行时保安康，小至问卜求医、预测未来身世等，均有求必应。每逢重要节日，除清流本地，还有大批永安、连城、沙县、三元、宁化、明溪等地信众前来朝拜进香。

明永乐二年（1404），由国子监任广西知事的欧阳贤、海州训导欧阳杰，拜求当时榜眼张显宗撰写《大丰山仙源堂碑记》。碑文记述了欧阳真仙事迹，明确仙源堂庵制基址，有田产数处共计二千五百秤租，永远为三房嗣孙每年朝拜隆祭；本堂道人，照碑制常例，每岁清明办银交欧阳三房子孙。欧阳仙踪亦几百年盛荣于此，朝拜者络绎不绝。此举也推动清流县内各地相继建庙祀奉欧阳真仙，如在城关文化街、长校灵台山、嵩口木兰青、赖坊官坊、龙津阳坊、沙芜洞口、余朋炭山、田源廖武等地，当时都有修建仙公庙，至今仍有许多得以存留。在清流县城东河边，始于正统间修建的隐仙堂，又名东山堂，就曾供奉欧阳真仙。旧时，清流城关打仙公醮，必于此处迎送欧阳真仙。现今该堂已废，遗址不存。沿河下行 3 千米横口村码头边，曾有龙王庙，又称药王庙，供奉九龙尊王、神农氏、欧阳真仙。此外，在县城北四十里马迹山，陈有定当年曾于此屯兵，明万历年

大丰山盘山公路直抵道院（红菇　摄影）

间邑人邹时泰在山腰建有一庵，祀欧阳、吴文二真仙。

目前，清流及周边一些区域，仍在一定程度内保留了每年农历七月十五欧阳真仙的生日和农历八月初一欧阳真仙的得道日，举行大小规模不一的醮事活动的习俗。连城县洪山、田心、姚坊等村的信众每年都有组织地前往大丰山“取火”，并请道士打年例醮。为保证道路畅通，他们还筹集资金请工人维修大丰山琴源水库至半山庵的道路，坚持数十年不辍。近年，清流县政府斥资数百万元，铺设半山庵到顺真道院水泥路，极大地方便信众前往大丰山朝拜欧阳真仙，进一步推动道教圣地大丰山声名远扬。

闽西一带各地多有自己的本土神明信仰，但它们之间并不割据排斥，而是相互融合，共列仙位，形成了闽西一域独特的信仰文化。相传，踞于大丰山的欧阳真仙与踞于老盈山（位于连城塘前张地村，原名银屏山）的罗仙、踞于员峰山（位于连城姑田大洋地，建有云峰仙宫）的赖仙相互敬慕，义结金兰，此举亦强化“三仙”在民间崇祀中的地位，并进一步提升这三座“仙山”的知名度。在连城各祀奉欧阳真仙宫庙中，常常可见欧阳、罗、赖“三仙”被共同排列祀奉于仙座（神龛）之上，接受信众的敬拜。连城还有“三仙二佛一猴王”说法，则是在“三仙”基础上，增加定光古佛、伏虎禅师和美猴王孙悟空。而在宁化被广为祀奉的“三仙”，则是指传自江西大华山的浮邱伯、王方平、郭族三位真人，但在当地也有一些信众就认为他们是欧阳、罗、赖“三仙”。在宁化境内，有一系列带“华”字的仙山，如位于宁化县济村乡长坊村和石壁镇张家地交界处，与江西省石城县观下乡沔坊村相邻的东华山（亦称白水

连城县员峰山供奉的“三仙”（右起欧阳仙、罗仙、赖仙）（青牛　摄影）

福建省与江西省交界的金华山有一古老宫庙，当地不少信众认为其内供奉的是欧阳、罗、赖“三仙”（陈汝辉　摄影）

顶），在宁化县安远镇丰坪村与江西石城接壤的金华山，在河龙乡永建村与江西交界的仙华山，在安乐镇丁坑口村的紫华山，在方田乡禾寨的古华山，这几座山上的宫庙都内供奉来自江西大华山的邱、王、郭“三仙”。据安远宝岩禅寺住持、宁化县佛教协会会长宗海法师介绍说，这些“华”字仙山虽是“三仙祖师”的道场，但都有传说曾经留下欧阳真仙足迹。由此可见，欧阳真仙信仰的影响力确实到达了这一区域，并牢牢地根植于信众心间。

（五）

欧阳真仙这一传承千年的民间信仰，其中优秀的文化内涵，在新时代乡村振兴和文化建设中具有自己的独特优势，特别是 2019 年清流欧阳真仙信俗文化被列入第六批福建省非物质文化遗产代表性项目名录后，它以儒道互补为内核的健康优秀文化实体和文化意识，得到了更充分展现的机会。研究欧阳真仙信俗文化，必须廓清信俗与迷信的关系，应着力弘扬其中所蕴含的为民济困解危、励精图治的中华优秀传统文化精神，借助其广为大众接受民间信俗传播载体，引导民众积极践行社会主义核心价值观，推动传统文化更好地为当今社会经济发展服务，完善乡村治理体系建设，保持农村社会和谐稳定。

1. 崇尚自然的科学观。如何处理好人与自然的关系，一直是人类社会共同关注的问题。“天人合一”修仙成道，

位于清流赖坊官坊村的大丰山石牌坊（青牛　摄影）

十分重视人对环境的依赖关系，强调人与自然的和谐共生。“道法自然”揭示了整个宇宙的特性及天地间所有事物的属性。维护整个自然界的和谐与安宁是人类赖以生存和发展的重要前提，要保持人与自然的和谐统一，就要确保天地的平安。人的生命是与自然界各种物种息息相通的一个整体，所以不仅要尊重人的生命，还要尊重大自然的一切生命。宇宙天地间万事万物均应效法或遵循“道”的“自然而然”规律和人与自然和谐共生的法则。欧阳真仙信俗文化中倡导生命应当返璞归真、恬然淡泊、顺其自然，求真葆真关键在抱朴，也就要保持一种朴素的生活方式，这在呼吁人类与大自然和谐共处、提倡可持续发展的今天，有较大的学习借鉴意义。

大丰山观日出（红菇　摄影）

2. 利物济人的慈善观。尊道贵德、重生贵和、抱朴守真、清静无为、慈俭不争和性命双修的道教教义，与中华本土文化紧密相连，具有鲜明的中国特色。这些对世界的独到看法，决定了它特殊的慈善观。纵观欧阳真仙的神迹，无论如何神异离奇，都是以慈悲仁爱作为基础的。利物济人、救贫济病，历来就是中华的优良传统。欧阳真仙在羽化成仙修炼过程中，其所追求的与道家养生如出一辙，把对生命、健康和疾病的认识与体悟，最终实践于生活，关注人们的健康与长生，将道的虚无与医的实用圆融一处。积功累德是人成为神仙的重要的途径，广行善举是得道成仙的重要内容，行善是欧阳真仙成为“成仙”的必然要求。欧阳真仙修道成功的典

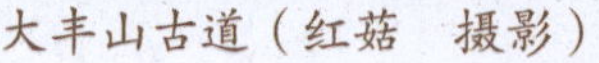

大丰山古道（红菇　摄影）

大丰山情人瀑（红菇　摄影）

范，印证了人性中助人为乐的至善品格。

3. 敦亲睦族的亲情观。最初沈氏家族在大丰山建祠修庙祭祀自己的祖先，清流下窠欧阳氏族对欧阳真仙的崇拜，既是神明崇拜，更是祖先崇拜。他们不仅建祠立碑、春秋祭祀，还以做醮等各种形式，充分表达对先祖的感恩和敬仰之情。这是中华民族以孝为先的传统美德的重要表现形式。人有来处，亦有归处。子孙祭祀先人，缅怀先人的恩德，怀念先烈、感恩已逝亲人，对形成慎终追远、家族和睦、孝亲敬老的良好社会风气，有着十分重要的意义。当然，在还原和挖掘敬祖穆宗背后的文化底蕴和社

大丰山云海（红菇　摄影）

会心理过程中，必须注意坚持移风易俗，摒除封建迷信思想，促进良好健康的社会风尚形成，才是继承和发扬优秀传统文化的应然之举。

4. 平等共赢的和谐观。欧阳真仙慈爱的对象是广泛的、平等的，不论贫富贵贱，不分亲疏远近，由己及人，由人及物，齐同慈爱，异骨成亲。人与人之间相互尊重，相互帮助，和睦相处，慈悲相怜；不杀不害，不嫉不妒，不淫不盗，不抢不争。深入挖掘欧阳真仙信俗文化中慈悲悯人、行善济世、爱国亲民为主的思想，既符合国情伦理，也吻合民俗人心。然而，如何教育和引导广大信众在经济建设、促进社会稳定、加强民族团

大丰山雪松（赖耿斌　摄影）

结、维护祖国统一、弘扬传统文化、建设生态文明、提升道德素养、开展公益慈善、推动民间外交等方面发挥积极作用，是组织活动者和参与群众应认真思考的问题。

当下，欧阳真仙仍被闽西乃至更广泛区域的信众虔诚祀奉，从中可以窥见一个历经千年绵延不绝而永固的精神化身。每一次对欧阳真仙的崇祀，都会令人想起千年前的岁月，感受先人们面对艰难生活产生的理想主

大丰山日落（AB　摄影）

义情怀。我们要坚持用历史唯物主义观察、分析欧阳真仙信俗文化现象，坚持开放包容、互学互鉴、扬弃继承、转化创新的原则，按照民间信仰的自身规律和社会发展规律做好这一工作，深入挖掘民间信俗文化蕴含的价值观念、人文精神、道德规范，把信众最大限度地团结在党和政府周围，把广大信众的力量凝聚起来，提高人民的思想觉悟、道德水准、文明素养，提高全社会的文明程度，共同致力于中国特色社会主义的伟大事业。

大丰山明珠——琴源水库（红菇　摄影）

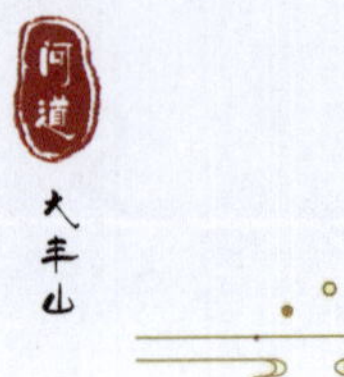

欧阳真仙崇拜形成和崇祀形式

在中国历史上，祭祖是一种传统习俗，同时也是一种社会制度。《礼记·祭法》载："天子七庙，三昭三穆，与太祖之庙而七。诸侯五庙，二昭二穆，与太祖之庙而五。大夫三庙，一昭一穆，与太祖之庙而三。士一庙。"这便是先秦时期祭拜祖先的礼制。祭拜祖先的规格，根据地位的不同有严格的界限，逾越者将受到道德的谴责与律法的惩处。学界将此现象称为"祖先神崇拜"。对欧阳真仙崇拜，最初源于民间口口相传其法力通天达地，而真正使之成为万众景仰的神人，却与祖先崇拜有着密切关系。

欧阳真仙信俗的传播、演变，显然受到了地理、交通、人口、文化等要素的影响。当然，在连城县得以广泛传播的原因自不用多说，主要是由于沈氏家族不遗余力地推崇的结果，并且由于当地信众群体大、分布广，较好地保持了一些传统的内容。过去，最重要且最省力的交通方式非舟楫莫属。大丰山欧阳真仙信俗活动核心区的赖坊镇，位于清流县东南部，北邻沙芜乡、田源乡，西接灵地镇，南与李家乡毗邻，东与永安市罗坊乡接壤，距其不远的九龙溪发源于武夷山脉南段，经宁化、清流、永安汇入沙溪。九龙溪因中游著名的九龙十八滩而得名，一直以来是这一地区对外物资和文化交流的重要通道。从前，赖坊等地盛产的木材、粮食等源源不断地沿九龙溪流放至永安，并通过九龙溪运回大量生活必需物资。在核心区的另一重要乡镇罗坊乡（原辖属清流县），其经济、社会和文化都曾十分依赖这一水道与外界的沟通联络。况且，还有与九龙溪水道大致平行的陆路官道，这条官道从宁化城关出发，经清流杨家店、暖水塘、大基头、城关、嵩口坪、梓材坑、沙芜塘、安砂至永安。因为普通百姓很少有机会乘用舟楫，绝大多数人员往来和物资交流走得最多的还是陆路官道。九龙溪从宁化往东经清流城关、嵩口坪、沙芜塘、安砂、永安、三元、沙县，直下南平、福州，而欧阳真仙信仰也主要沿着这条通道对外进行传播，却由于某种原因基本止步于沙县。向东，经嵩口坪、清流城关往宁化和江西石城等地，则明显受阻于武夷山脉。宁化除了城关周边邻近清流的几个村庄，多数高山峻岭为江西乐华天心派邱、王、郭“三仙”所占。分析应该是地理起了很大的限制作用，抑或乐华天心派的“三仙”更为强势的缘故。即便是在清流本地，各乡村的传播也不尽平衡，有“真仙不落矶”“北不过玉华峡”等说法。相传，欧阳真仙曾经有一个住在沙芜矶头的娘舅，对幼年时的欧阳世清不怎么待见，所以欧阳即便“成仙”后也不与娘舅家往来。而当地有“真仙不落矶”之说，即指欧阳真仙从不来沙芜矶头村一带。而在林畲几乎难觅仙踪，民间有欧阳真仙北不过嵩溪玉华峡之说；紧邻的明溪县也罕见在宫庙中供奉欧阳真仙，主要崇祀惠利夫人。这些或许都是信众选择自己信仰的一个借口罢了。在明溪县沙溪梓口坊、夏阳旦上和城关有 4 处宫庙供奉欧阳真仙，也非直接从清流经嵩溪传入，从神像造型来看，这里的欧阳真仙信俗极可能从三元莘口等地传入。当然，欧阳

明溪县夏阳镇旦上村寨上庙内手持拂尘的欧阳仙师神像（陈汝辉　摄影）

真仙信俗文化在传播中，多能主动地与当地的民间传统习俗融合，从而表现出了各具情态的地方特色。如连城的“游大粽”习俗，欧阳真仙在其间作为配角，信众早就习以为常，绝无非议。就连欧阳真仙神像的造型都随着传播而发生显著变化，由核心区的黑脸长须、清癯俊朗的道人形象，向外逐渐演变为金身官袍、慈善宽厚的儒士模样。欧阳真仙的“法力”在传播中也不断得到增强，信众从实际需要赋予了欧阳真仙更多重要的职责和能力。由最初祈雨止涝、治病救人等，增加了保境安民、功名学业等“法力”，几乎无所不能。但也有基本不变的，即每年正月和农历七月十五前后，各地供奉欧阳真仙的宫庙多组织信众，不约而同前往大丰山朝拜仙公，“取火”打醮。

一、欧阳真仙崇拜源自祖先崇拜

祖先崇拜的作用，主要是借纪念祖先的功绩强化共同的血缘观念，明

清流下窠村欧阳宗祠（陈汝辉　摄影）

确人与人之间的辈分关系，巩固以血缘为基础的社会生活集团的内部团结，从而实现家族繁衍发展的目标。福建社会科学院研究员、原客家研究中心主任杨彦杰在其《闽西客家地区的祖先神崇拜》一文中，把民间的所谓“祖先”分为狭义和广义两大类，他认为狭义的祖先必须同时具备以下两个条件，即一是本宗族的男性及其配偶，二是必须有后代。而广义的祖先在内涵上较为宽泛，只要同是宗族，即予以承认。

能够从祖先演化成神明的人，他们生前大多是“法力高强”的民间术士。欧阳真仙在成仙之前曾在大丰山修炼、是生活在民间的一个普通道士，由于他法术高明，常常为人消灾解厄、驱邪治病，甚至能降伏凶神恶煞，具有超凡法力，在一般百姓眼里简直就是超人，民间的口口相传逐步将其神化，拜求之者日众。他“成仙”后被人怀念，奉若神明再自然不过。

连城石门湖沈氏宗祠一楼正厅沈侍郎右侧供奉着欧阳真仙（陈汝辉　摄影）

一开始，连城沈氏家族不遗余力地推崇并借助欧阳真仙的灵威以提升家族话语权的一系列行动，正是从祖先崇拜开始。早期，连城沈氏家族在丰山建祖坟、祖祠和庙宇，虽然祭祀的是自己的祖先沈侍郎，但他们巧妙地利用与欧阳真仙结拜兄弟这一说法，并借助了欧阳真仙的影响力，通过祭祖并向真仙信徒开放庙宇，强化对先祖的崇拜意识，以维护沈氏家族的社会地位，此举同时将欧阳真仙的信仰推向全社会。虽然，欧阳真仙不是沈氏的祖先，他也没有后代，但这并不妨碍其作为沈氏祖先冰洁公兄弟加好友一同受祀。尽管沈氏家族最初本意只想借助欧阳真仙威名，达到自己家族显赫的目的，但正是他们的这一举动，推动了欧阳真仙信仰的进一步形成，被信众普遍接受。

在连城《沈氏族谱》中，保存着有关欧阳真仙的祭文，亦可窥见一斑。祭文曰："伏以胜境非凡，垒石、围棋多异迹。仙方授秘，投桃索藕有奇灵。洪惟真仙真成宋代，道显丰山，绩着当时。兴鼻祖厌世云游。君子真人，同隐逸，功垂后世。我裔子孙营祠建庙，神居祖宇并留存。有仙分者享万代馨香之祀典。绵族类者，延千秋奕叶之子孙。神德普及人间，子姓恒叨庇下。来此，三熏三沐，修远祖素好之明里。用先既稷既斋，报真仙乌及之厚爱。伏愿居歆是享。体通家投契之诚。更祈中锡无疆，庇合族如天之福。丕哉！暨本庙列列神祇同尚享。"而清光绪乙酉年重修的《清流官坊上官氏族谱》则记载，南宋末年上官氏二十四世定应、定通兄弟与刘氏文焕、文廷兄弟，合力共建梦溪丰山源明真堂，世祀欧阳真仙，同祀官坊始祖六郎和夫人赖四娘以及刘公妣的事实，更起到了推波助澜的作用。从这一现象分析，欧阳真仙一开始便被视同祖先受到崇祀。

虽然通常祖先神崇拜一般是先作为宗族制度下的"祖先"，而后才成为一个地方的保护神，但欧阳真仙崇拜时间顺序上的倒置，并不违背祖先神产生的内在逻辑。祖先神崇拜在漫漫的历史长河中，基本上沿着两个方向发展。一是继续作为某个宗族的保护神发挥作用，另一个演变方向是祖先神跨出原有的宗族范围，成为某个地域民众普遍信奉的对象，欧阳真仙即是这种例子。欧阳真仙不仅在清流、永安、连城、沙县、三元、宁化、明溪等地受到热烈的崇拜，在更远的地方也有供奉欧阳真仙的宫庙和神位，甚至远达新罗、永定、惠安，这一信俗影响和活动范围较为广泛。不断扩大的民间崇拜欧阳真仙区域，使欧阳真仙影响力日渐增强，收获了更多追随者和崇拜者。与此同时，清流下窠村欧阳氏家族也正式承认这一祖先，在大丰山仙源堂设置祭田、下窠建祠祀奉，将敬拜神明和祭祀祖先融合在一起，确立欧阳真仙祖先崇拜地位，使对欧阳真仙的崇拜即祖先神崇拜，有一个合乎情理的说法。据《下窠欧阳氏族谱》记载，欧阳世清从小天赋异禀，颇有道家风范，14 岁那年，有一天在清流城关游玩时偶遇两位神仙并得到指点。仙人告诉他大丰山非常适合修道，世清便决定前往大丰山结庐修炼，经过苦心修炼，终成正果。而明季《下窠欧阳氏族谱》已然正式承认欧阳真仙的祖宗地位，为其配置了“淑

江西省宁都县长胜镇半迳村欧阳氏宗祠请神入祠（陈汝辉　摄影）

妃”，并迎请其进入祖祠供奉。显然，这在更早之前是没有的。清道光十五年（1835），下窠欧阳氏族重建始祖庙，祀一世祖欧阳万春和欧阳真仙，二十五世孙江西宁都欧阳盛隆有诗贺曰：“祖德垂芳数百秋，煌煌家庙建清流。朝阳阁后临新栋，夕照庭前入画楼。”而从下窠向外迁徙的欧阳氏人口，不管定居何方，始终坚守初心，不忘下窠祖地，在新居地建祠供奉始祖欧阳万春，同时还有敬拜欧阳真仙。江西有多地下窠播衍出去的欧阳氏村落，如宁都县长胜镇半迳村的欧阳氏族，于南宋年间由清流万春公始十七世迁往定居，目前有欧阳姓人口千余，近年常有组织人员前来下窠寻根祭祖拜仙，祈求祖宗和神灵保佑，在其新建的宗祠内除供奉历代祖宗神位，亦供奉了欧阳真仙神像。

二、欧阳真仙信仰建构反映了传统文化的需要

裴应章撰写的《丰山仙源堂古迹碑记总志》，是考证欧阳真仙崇拜形成发展的重要资料。从记述其中，可以梳理出欧阳真仙得道历程：一是欧阳世清出生于清流下窠村，童年时在下窠和官坊生活，年十六超悟元微，四十二岁神通仙界。二是欧阳真仙崇拜基本形成于宋元时期。三是元致和年间，人们在大丰山上修建了专门奉祀欧阳真仙的顺真道院，并置办祭田和设立相关规制。四是欧阳真仙的灵威逐渐扬名四方，大丰山顺真道院因之香火旺盛。

当然，欧阳真仙影响范围如此之大，有一点很值得注意，即庙宇建在当地有名的山上。大丰山是清流周边几个县中最为高峻、远近闻名的大山，是信众心目中的圣山。欧阳真仙的灵威也因大丰山而名扬八方，而大丰山也因欧阳真仙的灵威吸引了众多朝拜者不辞劳苦登临，并留下了大量精美诗文。民间不断强化欧阳真仙消灾除厄、济世救民、祈雨祈晴、求医问药等神力，并衍生出许多神奇传说，又进一步推动该信仰的传播，吸引

更多信众对其崇拜。

此外，在张显宗《重修丰山沈氏碑记》和童选青《重修丰山通真殿记》中，也有记载相关事件。如今，在大丰山顺真道院内，有一残破石碑，上面文字断续不明：“……山是丰山之山无疑矣应仍丰山……今以后此山念年一批到时丰山神董知……公之用无论何姓人等不得盗买盗卖……并不准民间取巧侵占如有此情准丰……三月二十四日给”，尚能提供有关信息，即任何人不得侵占大丰山财产。

大丰山道院的明代残碑（青牛　摄影）

作为民间信仰体系的重要构成，地方神明是最具活力的象征形式，其建构反映了地方文化传统与官方符号整合的过程。欧阳真仙形象和法力不断地被建构，不仅具有时间的跨度，也有空间的广度，更是传统文化的需要。欧阳真仙最终能被尊奉为神明，首先是民间有这方面的需求，加上地方文人士大夫极力推崇，以及当时道教文化的深刻影响。道教思想向来被视为中华民族精神生活的文化支柱之一，道教中佐国济民、劝善惩恶的思想，以及维护“三纲五常”的封建道德伦理，常被统治阶级用以治理社会、教化人民、巩固统治，并以求仙乐善之思想广泛推广。宋朝的统治者大多推崇道教，“得地修行得正果，道封妙应沐皇仁”说的正是这意思。由于欧阳真仙的影响力，南宋孝宗皇帝于淳熙年间敕封其为“通天妙应欧阳真君”，更加强化这一民间信仰的建构。民国时期，每年正月十五上元节，清流城内于斯日延请道士建醮，名曰春祈。是日午后扛欧阳真仙、定光古佛、五谷真仙等神像沿街奔驰，各家门口竞放爆竹，名曰逐疫。值年坊住户率先发柬以请亲友，晚开筵宴，沿街拉客，名曰赛福。

清流灵台山（仙人岭）（红菇　摄影）

清流灵台山是著名的佛教圣地，但此前它却因欧阳真仙而闻名于世。传说，欧阳真人云游浙江普陀山归来，爱此地山明水秀，曾在灵台山修炼。后来，当地人在此建造欧阳宫供奉欧阳真仙，灵台山又称仙人峰。当时，灵台山欧阳宫的规模仅次于大丰山顺真道院。清光绪年间，有僧悟明云游至灵台山，见欧阳宫破败不堪，决心在原址上新建佛教寺庙。

龙岩新罗小溪水库涧水洞欧阳真仙左右侍者端着葫芦和药包具有明显的中医元素（陈汝辉　摄影）

毕竟当时欧阳真仙的灵威已深入人心，因此当地信众坚持保留欧阳宫供奉欧阳真仙，充分体现信众对欧阳真仙的信赖。在龙岩新罗区的万安、白沙等地，欧仙真仙被称作欧阳文仙，据《小溪涧水洞与欧阳文仙简介》记载，欧阳文仙信仰早在清乾隆年间就已传入小溪。信众朝拜欧阳文仙，主要是求医问药、辟邪消灾、儿童过关等。当地人感念欧阳真仙恩德，在白沙小溪涧水洞专门修建了奉祀欧阳文仙宫殿，小溪周边四十八乡信众踊跃前往该处朝拜，香火十分旺盛。

三、欧阳真仙信俗文化的地域特征

明清时是欧阳真仙灵威大振的时期。除在清流、连城、永安外，欧阳真仙的影响力已远达闽西多个县，闽西北、赣南和粤北的客家地区，以及

曾经的九龙溪因为安砂水库建设形成了美丽的九龙湖（陈汝辉　摄影）

我国的台湾省，甚至更远的东南亚也有人信仰欧阳真仙。民间均认为欧阳真仙相当灵验，有求必应，每年前往清流大丰山朝拜者络绎不绝。其时，尤其是在清流南部、连城北部、永安西部的各乡村，欧阳真仙信俗的影响已深入到不少民众生活的方方面面。最迟至清末，欧阳真仙信俗传播就已通过九龙溪这一重要的水上通道，由清流经永安再传至沙县大洛中洋、三元的列西和列东，并同时向三元中村白水、上焙坑、蕉坑等地传播。

与此同时，这一信仰还通过某种特定形式传入至清流以外的其他乡村。如宁化石壁江头村供奉的欧阳真仙，就是其先祖华玑公外出经商，行至大丰山时见顺真道院内香火冷清，便将院内供奉的欧阳真仙神像挑回村里供奉。而连城沈氏家族出于对先祖冰洁公的尊崇，加上与欧阳真仙那层特殊的亲密关系，更是不遗余力地宣扬、推崇欧阳真仙。清流下窠欧阳氏族当然也自然乐于待见这个族叔，将其作为祖先神供奉起来。与此同时，三元白水等地的畲族少数民族，受到汉人的影响，开始信奉这一地方神明。至此，欧阳真仙不再仅是汀州府地区客家民众的信仰，还成为延平府部分区域民众甚至畲族群众的共同信仰。可以说，欧阳真仙崇祀是闽西深受信众追捧、起源十分单纯且几乎没有争议的神祇。进入20世纪，特别是改革开放以后，人口流动加快，清流县有前往广东汕头等地务工人员将本地欧阳真仙信俗带入。起初只是在私人领域供奉，后来逐渐公开化，于是，欧阳真仙神像被供于当地宗教活动场所内，逐渐为一些信众所膜拜。

此外，受其他一些因素的影响，欧阳真仙信仰在传播过程中，也出现了一些溢出效应。当欧阳真仙信仰以大丰山为核心逐步向外传播，其向外拓展的过程必然受到地理、交通、人口等因素制约。江西乐安的大华山是闻名中外的道教圣地，浮邱、王、郭三仙于此得道。宁化县受此影响较大，多地供奉“三仙祖师”。地处宁化县济村乡长坊村与石壁镇张家地村交界白水顶建有“三仙祠”，在宁化县安远乡丰坪村之金华山与江西接

福建与江西界山宁化金华山供奉的“三仙”（青牛　摄影）

壤，其上亦建有“仙顶”供祀三仙祖师。也有不少信众将此“三仙”当作欧阳、罗、赖“三仙”来敬拜，这或者可以认为欧阳真仙的影响也达到了这一区域。

欧阳真仙深得信众崇拜，享受极高礼遇，但其崇祀形式在不同地方或多或少有些差异。每年正月十五清流廖武村传统庙会“衣冠会”，祭拜欧阳真仙和李公太保尊王，都是其中不可或缺的重要内容。当天上午，村民将欧阳真仙和李公太保尊王的神像请入神轿，抬到太保庙，十余张四方桌在村太保庙前大坪上一字排开，各家用礼盒盛祭品摆放在供桌上，有的还将珍奇古董拿出来供大家品鉴。村中凡有功名者，都会被邀请前来观祭。祭祀活动由本村德高望重者主持。祭毕，各户选一代表立在道路两旁，手持挂着长串鞭炮的长竹竿，相互交叉。当鞭炮被点燃后，福首们抬着菩萨轿、

连城县北团镇上江村“游大粽”民俗活动（陈汝辉　摄影）

香案和三堂锣鼓，冒着硝烟弥漫的炮阵，勇敢地从长竹竿下面穿过，冲进太保庙内。清流县赖坊镇在每年正月期间，官坊、南山、赖安、赖武等村都要举办隆重的庙会活动，其间，打仙公醮是最重要的活动内容。在有些地方，欧阳真仙醮会还与当地其他习俗活动深度融合。“游大粽”是连城县北团镇上江村的一项传统民俗活动，有300多年的历史，恭迎欧阳真仙是其中最热闹的场面。在这里，欧阳真仙被奉为妙手儒医，接受信众供奉。仙家依据修行的道行不同，修为不同，法门不同，分为文仙和武仙。儒医即文仙，不少信众笃信欧阳真仙是神医，可妙手回春。连城县朋口镇天马村，每隔九年都会举行规模浩大的丰山取火活动并在村中巡游欧阳真仙神像。在连城县罗坊、北团、隔川等地相当盛行“走古事”民俗活动，欧阳真仙常是“游神”的主角。此外，在清流县李家乡河背的浮桥庙、吴

三元中村大焙坑醮会“过火海”（山川　摄影）

清流李家吴家村妙感宫游大龙活动（陈汝辉　摄影）

沙县富口镇白溪口村民在德福堡正门阁楼上供奉欧阳真仙（青牛　摄影）

家村的妙感宫打仙公醮，都还保留有“送瘟船”的习俗。在三明市三元区中村乡大焙坑村福兴殿，每年正月初四的游龙、农历九月九打重阳醮，均有与欧阳真仙相关的游神、过火海等民俗活动。

清朝时期，沙县袭用“都”制，“都”以下各自然村依大小，自称乡、里、坊、甲等，各村首领称乡董、甲首、坊首、保练或地堡等，因时因地称呼各异。是时，辖域内的一些大乡集镇相继建筑城墙土堡，或建于山坡上，或立于田畴间，土堡前后各设一门，中央通常是个大坪，两侧为上下两层的居民区，外四周为夯土围墙，围墙最厚处可达 2 米，每隔一段设射击孔和防火水槽，内侧为木栏杆和夯土墙相间。土堡建设为抵御匪患、促进人口集中，以及划坊堡管理，提供了有利条件。如富口建增墩堡，白溪口建德福堡，三元梅列[①]（旧称尾历）建历安堡（今列西眷西阁、

① 2021 年 6 月 19 日，三明市梅列区、三元区合并设立新的三元区正式挂牌。

见田阁仍供奉欧阳真仙），以及三元、列东、大洛等地的一些乡村都建坊或堡。当时，土匪横行，流寇经常出没，为保境安民，有些坊堡内居民便将来自清流大丰山欧阳真仙神像，供奉于土堡正门阁楼或坊的城墙阁楼之上，堡（坊）内居民坚信欧阳真仙的神力能帮助他们抵御匪患、逢凶化吉。大洛、列东等地有“阳仙公施法，城头插香化作天降神兵保境安民”的传说。每年正月间，这些地方的信众都要游神，还定期前往大丰山“取火”，祈保天下太平、人民安康。沿袭至今，未有太大变化。

相传，当初沙县富口村民迎请仙公至增墩堡供奉，白溪口的村民见了，执意要将阳仙公迎请至他们那边的德福堡供奉，于是双方发生争夺，互不相让。最后，决定将香火一分为二，两村各塑一尊欧阳真仙像，并约定供于富口增墩堡内的称文仙哥，供于白溪口德福堡内的称武仙弟。每年正月十九这天，两村要联合举行打平安醮游神信俗活动。早前，游神时会有乩童立于神轿杆上耍大刀、脸颊穿令箭、利刃割舍以血画符等惊险、神秘的绝技表演。如今，富口村民改为每年正月初二“游神”。游神队伍中照例有迎神鼓、腰鼓和乐队几十人，后边一群大人小孩跟随，绕经村内的临水宫、太保庙、关帝庙、文昌三圣庙、民主庙、白马庙。设坛打醮必须请道士“做供”，一些农户以香烛水果茶酒设供，燃放鞭炮迎请欧阳真仙入户，祈保合家平安。每年游神活动之前，均要张贴公告，大搞环境卫生。浴神都是在除夕这天进行，由村里耆老亲自操持。抬轿者要淋浴更衣，前三天还必须吃斋。游神当天全村不许杀生。次日，庙里还要打一天经醮，游神活动才全部结束。白溪口村民至今仍坚持于每年正月十九举行“游神”活动。是日，由村民推选的四名壮汉抬着欧阳真仙神轿，赤着双脚走出土堡，缓缓地从燃烧得通红的炭火踩过，此谓“过火龙”。然后，神轿绕村而行，各家各户门前张灯结彩，摆设水果等供品，点香燃烛，鸣炮欢庆，恭迎欧阳真仙。村里有时候200来户人家都要“做供”，由道士引导欧阳真仙神轿进家入户，保佑家人平安清吉。“游神”活动从傍晚开始至深夜结束，有时要到次日天明方罢。

四、欧阳真仙信俗文化的演变和重构

显然，早在元末之前的若干年，清流、连城等地已开始奉祀欧阳真仙。至元末，欧阳真仙信仰在大丰山周边的一些村落已相当流行，是这一地区最有影响的神明，并逐步影响到其他地区村落参与对欧阳真仙的祭祀活动。他们不仅建庙供奉欧阳真仙，还在乡村各种文化活动中融入祭祀欧阳真仙的内容。信众的需求是创新欧阳真仙信俗活动形式的源泉动力，受当地文化的影响，信众往往根据自己的喜好，对这一约定俗成的习惯形式进行改革，使其崇祀形式和功能发生相应变化，凸显欧阳真仙几乎无所不能、无所不包，信众也因此对真仙的爱戴日甚。

随着欧阳真仙信仰的向外传播，其功能在不断增强。欧阳真仙的神力，由最初具有祈雨止涝、消灾除厄、求医问药，逐步增加挡煞聚财、保境安民、功名富贵等功能。如，清流廖武猴王庙，连城县揭乐乡吕屋村九龙观、三元区陈大镇棕南村底坑的龙凤祖洞，以及宁化县城南乡上坪村水口庙和城郊乡西门樊公庙，祀奉的欧阳真仙担当了镇守水口挡煞聚财的职责。列西东壁门、凝紫门上供奉欧阳真仙，更多赋予其担当守卫城池保境安民的职责。传说，三元列东过去匪患十分严重，信众便在城墙上插很多香，并祈求福东院欧阳真仙显灵点化成兵。信众有求必应，土匪真的就不敢来侵扰了。宁化县石壁镇江头村的欧阳庙和丰山祖师庙，来这里的信众对欧阳

宁化县石壁镇江头村丰山祖师庙中江西信众还愿时捐献的匾额（陈汝辉　摄影）

真仙的信奉非常虔诚，崇拜方式也很特别，主要是问询仙公“拣日子、保安康”，这也是该庙的最大特色。在这里，甚至远至江西的信众，凡婚嫁、安门、祭祀、求学、治病、远行等，几乎没有不可来此询问仙公的。这一习俗延至今日。

脚下庵供奉的欧阳真仙像（青牛　摄影）

在清流，欧阳真仙信俗文化活动并非全县各乡村均衡地分布，有的乡村民众热情较高，有一大批欧阳真仙的忠实粉丝，不仅积极修建崇祀欧阳真仙的宫庙，还定期开展打醮祭祀活动；有的乡村民众热情就不那么高，信众也比较少，虽然知道欧阳真仙，但从未举办打仙公醮活动，民众也很少参与祭祀欧阳真仙的活动。随着时间的推移和人口变动，以及社会变革，旧时清流城关大规模、历时长崇祀欧阳真仙活动，在 1949 年后就突然中止。目前，清流县的赖坊、李家、灵地、余朋、温郊、长校等乡镇，欧阳真仙信俗文化活动相对更普遍，几乎村村有供奉欧阳真仙的宫庙。而里田、龙津、嵩口、沙芜、嵩溪、田源等乡镇，只是在部分乡村中开展此类活动。但是里田村民至今仍保留正月初一吃素的传统，据说这也与崇祀欧阳真仙有关。相传，村里一位德高望重的老奶每年过年前都要去大丰山朝拜欧阳真仙，除夕当晚必定回村过年，可是这年老奶不知什么缘故一直到正月初一早上还没有归来，村人焦急等待中用吃素的方式祈祷欧阳真仙保佑老奶平安归来，于是这一习俗便沿袭下来。早年，清流县城关虽然每年农历四五月间都要举办为期一个月的仙公醮会，但周边各村除下窠仙公庙，其他村均无专门供奉欧阳真仙的宫庙，邓家①、田源等地亦如

①邓家乡于 2007 年 12 月 30 日撤乡并入灵地镇。

是。每年春夏插秧后和冬闲时节，许多乡村都有专门经营此项活动者，抬着欧阳真仙神像至各地巡境，上农户家讨赏，称“保禾苗”。民间传说，信士用欧阳真人的仙骸塑了三尊仙公像，一尊在大丰山道院供着，一尊在大丰山脚下庵供奉，一尊专门用来巡游。但这些装藏“仙骸”的塑像至今已难觅踪迹，取代之是新塑的仙公像。而民间举办醮会和“仙公巡境”活动，在一些地方也日渐减少，甚至完全消失。在连城、永安、三明、沙县、宁化等地，欧阳真仙信俗文化传播也呈现出类似特点，有其自身发展的轨迹。

近年，由于人口流动加速，有一些在外经商者还将欧阳真仙信仰带入新的生活地，通过供奉神像或举办一些简单的祭祀仪式，开展传播欧阳真仙信俗文化活动，逐步在当地造成影响。如，清流县赖坊镇官坊村就有去广东汕头专门从事宗教职业的人，他们将欧阳真仙信仰传入当地。在广东珠海、汕头等地区，一些特别信仰真仙的客商也将欧阳真仙信仰传入，于商会会馆或于家中供奉欧阳真仙神像。欧阳真仙由起初隐居山野，逐步走

清流地区彩袍黑脸的真仙道士像(此像供奉于田口东林寺)(陈汝辉　摄影)

三元地区金袍官带的真仙文官像（此像供奉于三明市瑞云洞）(陈汝辉　摄影)

出大山、走向海洋，由山神成为海神。如，惠安县小岞镇前峰村一批欧阳真仙的忠实信徒，仿大丰山顺真道院建“惠山宫”，香火从清流大丰山分灵，欧阳真仙神像来自大丰山顺真道院。由于地处东南沿海，当地信众甚至赋予惠山宫的欧阳真仙海神的职能。

信息化时代，为欧阳真仙信仰进一步传播提供了便利，推进这一信俗文化和交流活动区域的对外无序扩张。永安罗坊的闽山寺原来并不供奉欧阳真仙，因住寺僧人前往大丰山朝拜，在化身岩中偶然发现一尊欧阳真仙像，带回闽山庵，于庵左侧建妙应仙宫祀奉。

各地欧阳真仙造像也是有差别的，在清流、连城几乎黑脸长须，清瘦俊朗的道人形象。而永安、三元、沙县的却更多是金身龙袍文官形象。此外，在一些佛道合一的佛寺或道观中，当地信众坚持将欧阳真仙作为主神来供奉。在连城揭乐小地村太星庵（又名小地庵），这是一座较新的庵庙，上殿主神为欧阳真仙，侧廊左右分别供奉释迦牟尼佛和地藏王菩萨，还将佛教的四大天王作为宫庙的守护神。在太星庵，即使是玉帝和王母等向来享受尊贵礼遇的神明，也只能屈居偏殿。这一切足以说明，当下在不少地方，人们更多是将祀奉欧阳真仙等神明作为一种文化消费现象来看待，而且这种趋势有越来越明显的迹象。

五、崇祀欧阳真仙的主要形式

民间对欧阳真仙这一源自祖先崇拜的信仰，具有地域性、分散性、自发性等非制度化的自然宗教特性。一方面，它与世俗生活有着千丝万缕的联系；另一方面，它的表现形式又与宗教现象有相当多的类似之处。民间信仰的思想体系和仪轨，相较制度化的宗教虽显得不那么完备，但它的活跃和普及程度却远甚于制度化的宗教。近年来，随着社会发展进步，很多地方对民间信仰的祭祀活动程序进行了简化，更多地保留了其中健康的文化娱乐成分。目前，各地对欧阳真仙的崇祀，主要有庙祀、打醮、分香（分灵）、家祭等几种形式。

1. 庙祀。一开始信众对欧阳真仙的崇拜，主要渴望得到神力相助，发自内心对真人的敬仰，还没有专门祭拜场所。宋宝祐六年（1258）道士张道清在大丰山创建道院。元致和元年（1328）六月，在大丰山上发现欧阳真仙蜕化在洞中的遗骨，人皆神其灵威，函骨范金像贮山中，重修庙宇，四时朝谒。此后，清流长校灵台山福源寺、龙津下窠阳仙公庙、赖坊官坊脚下庵、余朋泰山仙公庙、嵩溪青口仙公庙、嵩口木南青寨上庵等陆续兴建，三元列西仁义坊眷西阁、见田阁，连城南顺里姚蔡坊元真堂、隔川广福堂等也先后建成。同时，由于欧阳、罗、赖“三仙”结义故事的流传，加快了连城老盈山、员峰山，以及宁化狮子峰及永安、沙县、三元等地更多祀奉欧阳真仙宫庙相继建成。各地宫庙依山形地势修建，规模风格不一，建筑材料也因地制宜，或石或木，或砖或泥。大丰山顺真道院因建于高山，还覆盖铁瓦，以防大风吹落。有庙就有神，不少宫庙中供奉的欧阳

永安闽山寺供奉的仙公像左右配“文官武将”（陈汝辉　摄影）

真仙神像，雕工技艺精湛。如目前清流大丰山顺真道院、嵩口西丰山寨上庵、田口东林寺、永安罗坊闽山寺供奉的欧阳真仙塑像，至少是民国早期的作品，神态安详，品相上佳，有较高的欣赏价值。因地域差异，各地习俗也有明显差异，如下窠村每年正月初一清早，男女老少多要先到阳仙公庙拜祭后再用早餐，以示对欧阳真仙老祖宗的敬重。清流赖坊、灵地、李家村民，至今还保留除夕夜要到大丰山欧阳真仙台前守岁的习俗。有的信士每年吃完年夜饭后，立即动身前往大丰山与仙公做伴，到次日天明方才回家。回家之后，他们把到大丰山道院中求得印有欧阳真仙的“神符”贴在屋厅神龛上，将求得的“高香”插在香炉里，随后点香烛、放鞭炮，意为把阳仙公接回家了，希望欧阳真仙保佑家人健康平安。官坊一些信众每年除夕夜有去脚下庵为阳仙公守夜的习俗，还规定必须吃素，多年未有改变。同时，随着信仰的传播和形式的演变，各地对欧阳真仙崇拜赋予了许多心理上的寄托，如清流县赖坊镇官坊村民，凡疾病、婚育、建房、搬迁等事，无不前往脚下庵中“问询”欧阳真仙。在宁化县石壁镇江头村的欧阳庙和丰山祖师庙，信众大小一切事情皆可来此问询仙公的习俗，非常有特点。

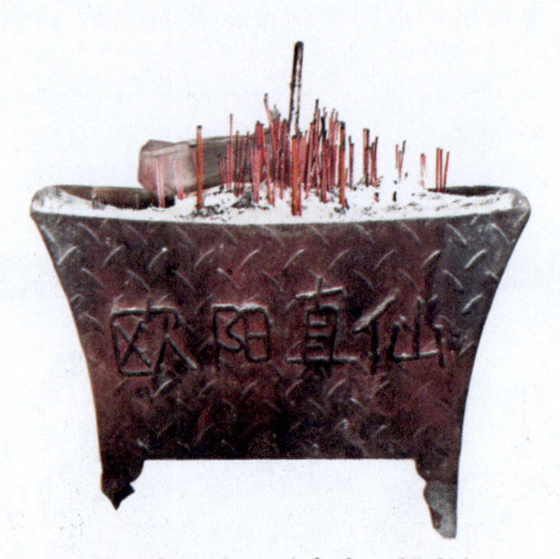

欧阳真仙香炉（青牛　摄影）

2. 分香。在我国传统宗教和民间信仰中，从某座寺庙宫观求取神佛的香火，回去供奉的行为称为分灵、取火。民间祭祀可以有香炉没有神像，不能有神像没有香炉。有学者研究提出，香炉之所以比神像更重要，可能与原始宗教自然崇拜形式之一的火崇拜有关。分灵的神像每隔一段时间，需要回原庙宇即祖庙参加祭拜，以持续神明的法力，号称进香。为此，各地举办欧阳真仙醮会，也多依惯例前往大丰山“取火”。至今，仍有一些地方或宫庙每逢欧阳真仙生日或得道日等重要日子，都要上大丰山顺真道院祖庭进香，将欧阳真仙的香火（法力）带回供奉。有的在朝拜大丰山的具体时间上，需用打筊问询，只有获得欧阳真仙“允许”，才能上山“取火”。打卦所用的工具俗称筊杯，修炼道法的人称呼它为法卦，在道教的超度、禳灾、打醮活动中常常需要打卦问事，信众普遍认为这对法事的应验程度至关重要。比如召帅、上表、圆满都要问几次卦，而显示的卦还有相应规矩，有的要阳卦，有的要阴卦，有的要圣卦，不是所有的事情都呈圣卦才叫好。各地“取火”习俗不尽相同，如清流李家乡村民每年都组织去大丰山朝拜阳仙公，朝拜之前要吃三天斋，朝拜队伍半夜就动身，队伍前有彩旗一面，敲锣和吹唢呐的各一人，有时队伍后跟着男女老少七八十号人，通常要天亮才能走到顺真道院。焚香、叩拜、放鞭炮等程序之后，信众将把香火用特制的香炉小心地接回家中供奉。三元列西仁义坊在农历七月十四前组织人员上大丰山“取火”，过去要

五雷大将军火印（青牛　摄影）

信众朝拜大丰山“取火”归来（陈汝辉　摄影）

取道永安安砂从罗坊登上大丰山，在七月十四这天必须将“香火”取回，是时仁义坊众人在眷西阁前举行隆重恭迎香火进殿仪式，之后才进行醮事活动，连城南顺里姚蔡坊（现为连城机场）一带，欧阳真仙的信徒历来较多，其附近的洪山村、田心村每年都到清流大丰山接引香火，请道士打年例醮。现在，交通十分便利，汽车可直达顺真道院门前，“取火”也省去了许多麻烦。每年秋冬时节，前往大丰山“取火”的队伍敲锣打鼓，高举着的旗幡在大丰山蜿蜒的山路上迎风飘荡，蔚然为一道独特的景观。

3. 打醮。亦称“建醮”。因打“仙公醮”多有固定时间和固定场所，时间多在农历七月半或正月期间，地点一般以宫庙或祖祠为中心进行，故而形成传统庙会。信众普遍认为欧阳真仙非常灵验，大至大旱时祈雨，洪灾时化险为夷，瘟疫流行时保安康，小至占卜求医、预测未来身世等，真仙都有求必应。因此，要定期举办醮会，开展奉祀欧阳真仙的“谢神”祈福活动。一般是在欧阳真仙生日这天，即农历七月十五前后多要打“仙公醮”，有些地方还会依具体情况对打“仙公醮”的时间做出调整，如三元列西眷西阁在农历七月十四，三元中村却是在农历九月初九。与庙会活动相比较，打“仙公醮”主要是以崇祀欧阳真仙的宫庙或祖祠为中心举行的祭祀仪式，与庙会相同之处如敲鼓奏乐、请戏班、放鞭炮、放铳等。庙会与醮会两者间区别主要是：举行时间长短不一，庙会一般三至五天结束，醮会期有的长达一个月；内容不同，庙会以欢庆神明生日为主，间或举办商品交易，醮会则以祈保善男信女的平安清吉的“祈福”为主。醮会内容更加丰富，形式也更庄严，但不及庙会热闹；庙会可以吃荤，醮会只能吃斋，一律素食，严禁腥荤；庙会表现一地一神之威力，醮会则综合表现儒、道、佛以及阴阳配合的特殊威力。民间称清流打的“仙公醮”为“文醮”，比之于连城打的“武醮”，道士登台作法时，动作相对更温和、儒雅。清流的“文醮”的代表人物有罗钦涛、肖华林等火居道士，打醮须着长袍、长袖，唱腔柔和圆润，鼓法亦变化多端。连城道士多有武功，习练

道士打醮现场（青牛　摄影）

武当拳，代代相传，因此，连城“武醮”相较更为刚强。新中国成立前连城县的牛栏桥、马面下、坎兜店三条街道每年都打“火醮”，要请道士做功夫，其间有度孤、拜天师、送船、跳龙虎米、下惊等醮事活动。各种醮会活动中，民国时清流县城关醮会规模最大、时间最长、参加人数最众。其时，清流城关有九坊，各坊均设有坊庙，每年农历四月初三至五月初四，历时一个月，以各坊为中心轮流“做东”，打欧阳真仙醮。当时，不仅清流城关，嵩口、温郊、余朋、赖坊、沙芜、长校、李家、灵地等乡村，几乎无人不信、无家不祀。清流南面的一些乡村每隔三年要打一场“仙公醮”，有的打三日四夜、四日五夜，甚至七日八夜。打七日八夜的叫“大醮”。打醮最后一天叫“大日”，道士要登台作法，这期间有“过火山”“上刀梯”等杂技表演和“摆五方”斗宝纪念先人的传统活动，把醮会推向高潮。每年正月十四至十六，清流县李家乡各宫庙照例要打醮，

余朋泰山仙公庙会“过火山”活动

清流县道协组织打“仙公醮”（青牛　摄影）

在此期间有游灯、游图、游镇武祖师和欧阳真仙，以及“五经魁”①表演等。几百年间，欧阳真仙信俗活动几乎从未中断，在欧阳真仙出生地下窠村，每年农历十月初一的醮会基本没有停止，延续至今。为弘扬中华优秀传统文化，清流县道协不定期召集全体教职人员和各宫观负责人举行打“仙公醮”活动。至今，三元列西老街上龙冈坊的欧阳真仙庙、列东虎头山下的福东院，每年都还定期打仙公醮。清流余朋泰山村近年恢复欧阳真仙庙会，这期间“游神”和民俗表演“过火山”等活动，吸引周边明溪胡坊等地的信众前来观看助兴。早年，龙岩新罗区万安、白沙两镇的信众，每年都要前往清流大丰山进香取火，虽然现在由于建设水库人口搬迁，导致涧水洞的香火没有从前旺盛，但该地区仍有一些信众每年农历十月十三至十六，坚持到涧水洞参与打“仙公醮”活动。

4. 游神。又称迎神、游菩萨、神像出巡，在欧阳真仙生日或其他特定的日子里，信众将宫庙里供奉的“神像”请进神轿里，抬出来在全村或特

① 李家“五经魁”，又称舞大鬼，省级非物质文化遗产，主要流行于清流李家地区。表演角色主要是雷震子、钟馗、包拯、寇准、李广等五人，分别代表不同精神寄托。

定区域游走，称“巡境”，这一习俗在清流、永安、连城、宁化、明溪、沙县、三元的一些村落特别盛行。清流的官坊、赖安、赖武等村在每年农历七月十五、九月初二到初五，

2018年列东欧阳真仙百年庆典盛况（福东院　供图）

都举行规模盛大的醮会，在此期间都有游神活动。每年农历九月份的嵩溪庙会，是目前清流县时间最长、规模最大的庙会，游神时也有欧阳真神的身影。在连城莲峰镇洪山村、田心村，信众坚持每年到大丰山“取火”，回来后在村口恭迎欧阳真仙，然后由事先选定的人员抬着欧阳真仙的神辇巡游全村。还有一些地方在祭拜当地神明时，也一同祭拜欧阳真仙，如连城县塘前乡迪坑村在祭拜江、朱圣君的同时就要敬拜阳仙公，诸神要共同巡游。余朋泰山村每年农历十月初二举办欧阳真仙庙会，打醮完后都要将庙里神像抬出来巡游全村。宁化安乐俞坊村民议定于每年农历七月二十五

清流下窠村民家中神龛上历年贴的仙公符（陈汝辉　摄影）

清流官坊村民给家中供奉欧阳真仙上香（陈汝辉　摄影）

日举办欧阳真仙庙会，组织者事先安排好吹鼓手和乐队执事及扛“菩萨”的人手。当天，众人将平常供奉在村里星峰庙的欧阳真仙神像等请下神龛，端至神辇（神轿）安坐，然后抬着进行巡村。谓“菩萨巡游，保境安宁”。三明列西村在每年农历七月十四欧阳真仙生日（当地信众为方便打醮约定将欧阳真仙生日提前一天）、八月初一欧阳真仙得道日，都坚持建坛打仙公醮。三元列东村福东院最近几次在沙溪东岸举办的欧阳真仙醮会活动，其游神场面都十分盛大，参与者众多。连城北团上江村“游大粽”、朋口“游公太”以及罗坊、北团、隔川“走古事”等民俗活动中，同时恭迎欧阳真仙，都是其中最热闹的场面。游神一般都会与醮会活动结合起来，欧阳真仙神辇游遍村街，经过各户人家时，都以燃放鞭炮表达对欧阳真仙的恭敬。游神时，欧阳真仙神辇接受民众的香火膜拜，寓意接引神明降临民间，巡视乡里，保佑全境平安。

芹溪村上村亭内供奉“取火”时举的“旗幡”（青牛　摄影）

5. 家祭。欧阳真仙是闽西多地信众的保护神，客家人至为虔诚崇敬，不仅各地修建宫庙、雕塑神像敬奉，还有一些信众在家中设置神位供奉。他们通常是在家里大厅的神龛上，张贴用红纸印制“欧阳真仙神位”或“通天妙应欧阳真君神位”字样的神符。也有信士在家里供奉欧阳真仙神像的。如清流赖坊镇官坊村、李家乡早禾排村的个别信士，就有在家里供奉欧阳真仙，永安小陶镇小陶村吴成财信士，不仅在家供奉欧阳真仙，还替人解签等。每年春节，结合贴春联，各家各户都会更新神龛上印有欧阳真仙神像的贴纸。早年，清流城乡绝大多数百姓家庭，每月初一、十五，都要在欧阳真仙神位前上香、摆祭品，这种习俗以城区和城区周围的乡村及赖坊、灵地、李家、沙芜、余朋、温郊等乡村最为普遍。平常，对欧阳真仙的敬祀多由家庭妇女来完成，不同地区的敬奉形式稍有差异，有的人每日早晚饭前都要点一炷香敬仙，逢初一、十五早餐还须吃素戒荤，以示对欧阳真仙的崇敬。有的人家每天都先将第一碗白饭供奉欧阳真仙，凡逢年过节，或家有喜事，必备供品敬奉。这与在宫庙中对欧阳真仙的敬奉一样，循序有礼，虔诚备至。另外，似乎是与欧阳真仙有着更为密切的关系的原因，清流南面乡镇百姓对欧阳真仙的崇拜更胜于清流北面的一些乡镇，其醮会热闹程度甚至超过欧阳真仙出生地下窠。而连城信众对欧阳真仙的崇拜，其虔诚与执着相比其他地方又更加突出。据说，过去长汀府清流、宁化之外的一些乡村，也有信众在家中用椰油供奉欧阳真仙的习俗。除此之外，还有在祖祠里供奉欧阳真仙神像的，如清流官坊上官氏宗祠（灵福祠）、连城冠豸

官坊村民家里供奉的欧阳真仙像（青牛　摄影）

永安小陶火居道士向家中供奉欧阳真仙“问询”（欧阳盛礼　供图）

风景区内沈氏宗祠、永安罗坊盘兰村钟氏祖祠，以及清流灵地吉龙村上湖祖屋、连城田心村黄氏祖祠、永安岳地村江氏祖祠等，这种家族聚集共祀欧阳真仙的现象，显然已经超出通常家祭的范畴。在连城县塘前乡罗地村新岭的罗氏宗祠，是专为祭祀该村开基祖赐保公及三世、四世、十一世祖而修建，就有恭迎欧阳真仙入祠崇祀的传统。年年起来打醮，祈保安康，从未间断。

新岭罗氏宗祠（青牛　摄影）

欧阳真仙入祠崇祀（青牛　摄影）

此外，还有家族集资修建路亭以纪念欧阳真仙的。如 2012 年清流李家古坑村民于古坑至罗坑公路边共建的“欧阳真仙凉亭”。该亭建筑面积约 12 平方米，砖木结构，歇山翘角，屋瓦枣色琉璃。柱联：“欧阳乐见亭坐北，真仙龙喜门朝南”，表达“倡建凉亭非谋利，遮风避雨便行人”的感恩情怀。像永安市罗坊乡岳地，村民以江氏为主，其东与连城姑田上余村大洋塘接壤，西与掩桑村交界，北与坪坑村交界，南与溪源村交界，由于这里地理位置相对偏僻，岳地村每年正月间在祖祠打仙公醮，都会吸引周边几个村落好些热心的村民前来助兴。

李家古坑真仙凉亭（红菇　摄影）

欧阳真仙醮会

醮，是古代的祷神祭礼，僧道为禳除灾祟而设的道场，后来演变成民间的迎神赛会活动。打醮又叫作醮、建醮。打醮为道教活动中一项极为庄严重大的法事，主要目的是祈求平安顺利。醮有大、中、小之说。小醮有“三出五出”清醮①、一天两夜满筵醮，中醮有两天三夜天师醮、三天四夜龙虎醮，大醮有三三九天大胜醮、七七四十九天长宵醮。醮会多以庙命名，也有以神来命名，欧阳真仙醮会即如此。对欧阳真仙，各地有不同称呼，有称阳仙公的，也有称文仙的，因此举办欧阳真仙醮会，又称打“仙公醮”或“文仙醮”。

打醮需提前做许多准备工作，如环境卫生清理、备好供品，以及醮首推举和成员组阁都是非常重要的。“总首”的产生由民主推选 1—2 名候选人，经向欧阳真仙求筊“问询”确定。首先要安排接仙公设醮坛，设置香炉、烛台，供奉鲜花、水果。打醮一定要请鼓乐队，这样才热闹。打醮的程序非常丰富，由醮的时限而定，时间越长程序越复杂、内容越丰富。

---

①“三出五出”清醮，主要流行于清流地区，为一天两夜满庭醮的精华部分，是闽西火居道士醮欧阳真仙的简化科仪。三出，即请神、发表、拜师；五出，为请神、发表、拜师、净坛、请圣。

欧阳真仙醮会主要是祭祀称赞欧阳真仙，同时多有其他神明，如赵公元帅、五谷真仙、镇武祖师、华光大帝等陪祀。赵公明，商纣时道士，因助纣抗周，姜子牙封其为“财神”。张道陵炼丹，玉帝派他守护，封为“正一玄坛元帅”，故又有“赵公元帅”“赵大元帅”之称。清流民间店户均有供奉财神的习惯，其中不少就是供赵公明。一般用红纸书写：“都天至富财帛星君神位”，朝晚祭香。过去，每年农历七月二十二诞期，商民均备办香烛宝帛、三牲拜祭，或到宫庙祈福。五谷真仙即神农氏、炎帝、烈山氏，传说他发明农业和医药，清流城东横口村早前有药王庙（九龙尊王庙）专奉。镇武祖师又作真武祖师、真武大帝、玄天上帝、玄武大帝、无量祖师。华光大帝又称五显华光大帝、华光天王、马天君，因生有三只眼，所以民间又称“马王爷三只眼”。祭神和菩萨巡游都是醮会必需的程序和内容，还有戏剧演出、走古事、摆五方、“过火海”等民俗活动。

绝大多数供奉欧阳真仙的宫庙或祖祠，每年都必须定期打欧阳真仙醮，举办欧阳真仙醮会（庙会）活动。欧阳真仙醮会在清流、连城的许多乡村中十分普遍，有的村庄甚至一年要组织或参与组织好几次醮会，共同举办在以其居住区为主的地域范围内进行的迎游神明活动。打醮的醮坛有的设在寺庙宫观中，有的设在宗族的祠堂或香火厅中，也有的设在村民家的厅堂里。打醮的经费来源大致有利用庙产或族产、按人丁摊派、村民或商家的自愿捐款等几种。醮会的组织者称为“福首”“醮首”“香首”，俗称“做头”或“头家”。醮会规模大小与做醮时间的长短没有太大关系，无论是一天的小醮、三天的中醮，还是七天的大醮，其过程大同小异。如三天的中醮，第一天称起醮，下午由道士在醮场设祭坛，把醮会的主神欧阳真仙等“请”到祭坛安座，当晚再把陪醮神明一起“请”到醮场，并把本次醮会的目的上表众神，祈求神灵庇佑。赖坊官坊村每年打醮“上表”中都有“迎请祖师丰山得道欧阳真仙、赵大元帅、五谷真仙台前到村修醮，祈保合村人等一年清吉、四季平安、田山丰收、积福消灾、佑民保安、万事如意，诸事亨通”等内容。第二天为醮会正日，须先“上表”，早上称“做早朝”、中午“做午朝”、晚上“做晚朝”，同时还要发“符章”，给孤魂野鬼“施食”，做送神完醮等仪式，直到第三天凌晨结束。有的醮会还有竖幡与倒幡、送水灯等仪式。无论小醮还是大醮，这些仪式一个也不少。七天八夜的大醮，又称“焰口醮”。打醮期间，善男信女要在醮坛烧香，而“游神”最为热闹。游神的路线一般是固定的，由醮场出发，经过区域内的一些主要道路，再回到醮场中。有的地方还有表演“过火山”，最后一晚通常要举行道士或和尚“坐台”压邪仪式。各地打仙公醮由于地域文化的影响，除时间不统一，其活动内容和形式上也多有差异，主要简述如下：

一、清流城关醮会

中华人民共和国成立前，在清流县城关举办的欧阳真仙公醮会（也称欧阳真仙庙会）别具一格。其特点主要有三个：一是时间较长。每年农历四月初三恭迎阳仙公神像和香火进城，至五月初三护送阳仙公神像出城回大丰山，历时一个多月，比城区举办的其他庙会（醮会）如樊公会[①]时间都长，数十年间从未改变。二是组织有序。每年正月元宵节过后，便开始筹备打仙公醮有关事宜，包括组建打醮理事会、筹措打醮经费、人员组织和任务分工，以及城关各坊建醮时间安排、中心神坛设置、鼓乐队组织和

① 据《清流县志（嘉靖）》，樊公会，每岁八月二十八日，相传樊公诞辰，邑人每岁于是日迎神赛会。先期八月初，直隶、江浙、闽广各处客商，俱赍其土所有货物集于县中，至期各以财货互相贸易。四方人欲市货，俱如期至会。至九月间方散。嘉靖二十三年（1544），知县陈桂芳查得民间每年谄渎樊神赛会三十余案，杀牛百有余头，乃先出榜谕，以非类弗歆之意。至期刊布告示，禁宰耕牛，遂无犯者。

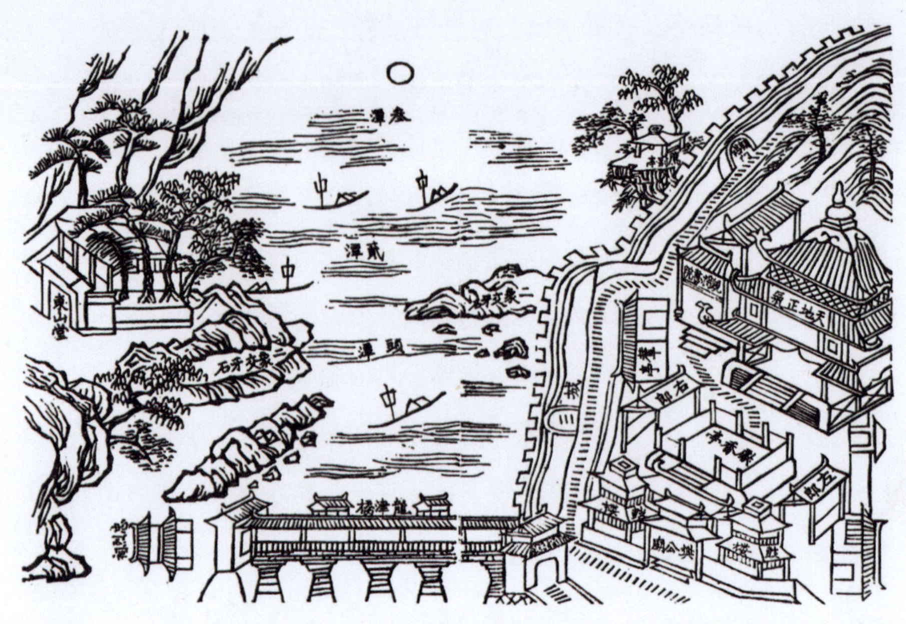

清流城关樊公庙图（来源于民国《清流县志》）

有需做“家醮”和“午供”人家的顺序排列等。三是规模盛大。当阳仙公神像被信众抬进城时，全城百姓到指定的地点列队恭迎，神像按照预先安排好的路线分别迎至中心神坛、各坊神坛、家庭神座建醮供奉。全城完醮当天，由道士“坐台”，仗剑诵经，驱鬼辟邪。是时，全城铳声、炮声震耳，锣鼓喧天、唢呐悠扬，十分热闹。醮会期间，全城居民均需戒斋沐浴，信众至少在三天前开始食素，极为虔诚者从筹备工作开始直至完醮，全程食素。

当时，清流城关共有明伦、进贤、白马、西门、龙门、龙潭、朝真、清德、三港等九坊，各坊杂姓共居，均设有坊庙，坊内各户逢年过节或家有喜事，都要到坊庙焚香点烛敬神拜佛。每年欧阳真仙醮会都是以上述各坊轮流举行，醮会的中心设在各坊的坊庙。农历三月底，九坊理事集会，商定迎仙公入城打醮事宜。每届醮会要推选坊董，选举本届醮会的总理事长，同时告示全城百姓开始斋戒并清洁城区。各坊建醮时间，由总理事

醮台（陈汝辉　供图）

度孤（陈汝辉　供图）

散醮（陈汝辉　供图）

长召集各坊董拈阄决定，确定后不得更改。建醮经费主要来源为按人丁摊派，也接受本坊各商家捐赠。民国三十年（1941），家醮 24 角，众醮 36 毫银，供道士素膳一日。贺礼亦简单，一包红枣或一束蕨粉条。具体办理各项事务的醮会工作人员称执事，由本坊推选，需热心公益、有理事能力，并能主动完成坊董分配的工作任务者担任。执事人员的具体工作任务，主要有搭盖醮园、安排戏班和延请道士等。

醮会活动的主要程序：一是设坛。道教劝人向善、普度众生，扮演着调节阴阳两界的角色。打醮首先得在主庙搭建中心神坛设神位，由供桌、香案、香炉等组成。神座与香炉间要插一把纸制的凉伞。坊庙廊柱、门前等处均贴上吉庆红联。醮园设在各坊庙内，醮园中心为醮坛，坊庙四周墙壁贴“表文”。醮会正式开始谓“起醮”。二是上供。上供前一天要备好一切供品，置于干净之处，不可随意品尝、把玩蹂躏。道士要每日早、中、晚三次上醮坛做供。早晨称上早供，中午称午供，晚上称晚供。每做完一次供，即诵完醮经，道士及一切执事人员方可进餐，没有完供，任何人不得擅自先行用餐。供品主要是糖糯饭团和油炸豆腐块之类，民间有欧阳真人“农家子吃糯团得道，成仙后仍喜食糯团”之说。三是上表。上表又称“进表”，是斋醮中的一种重要科仪，无论是金箓、玉箓或者黄箓类斋仪中都必行此仪。表文是道士为信徒书写的章表文函，是沟通仙凡之间的桥梁，不论个人所求，还是国家大事都可为之。道教认为，通过进表，祭告上苍，可将信众祈愿送达天庭，邀请众圣光临醮坛，赐福延龄，先灵受度。表文分阳事道场和阴事道场两种类型。表文的书写格式、文字编排都有严格的规范要求，其内容

表文（陈汝辉　摄影）

语言也比较严谨，尤其要注意写清神仙的宫阙与其圣号，必须相称。在神仙的圣诞日祝寿庆贺时，都要奏章拜表。或黄道吉庆日为善信做祈福等斋醮活动，也要奏章拜表。凡上表者，由坊董指定人员用红纸将上表者全家人的姓名、性别、年龄，以及向神祈求事项等按照统一文本格式写好表文，称“奏章”，由道士引导上表者在醮坛跪对神位，焚香点烛，祈求诸神护持。上表者在建醮期间一律食素，不可杀生。散醮时，主醮还须跪对神明，在道士陪同下诵念表文，以表示坊众祈求神明保佑的诚心。主醮一般由坊董兼任，也可另行推举他人。担当主醮者必须是本坊福禄寿全之人士，主醮者论资排辈，在相同条件下，以年长者担当。随后，道士领着持表人在坛前将表文烧掉，表示神明已接受上表人的祈求。四是度孤。道教注重阴阳协调，完醮当天，在晚供做完之后，由法术高明的道士进行“坐台”，又称“度孤”，即引度孤魂野鬼，超度十方孤魂亡灵，使其离苦得乐，往生极乐世界。也有超度历代宗亲、祭拜先宗列祖之意。其仪式是，在神位前摆一张方桌，方桌之上再摆一张方桌，双桌重叠。道士登台诵经，仗剑作法，驱鬼辟邪。诵完经撤台时，还要燃香点烛，一番祷告后方

清流金莲寺古佛殿（老悟　摄影）

宣告建醮结束。五是散醮。在“坐台”之后，进行最后的诵经。撤供时能继续食用的食品，可以保留食用，意寓沐浴神恩，消灾免难。尔后开斋，恢复荤腥饮食，各家大办筵席宴请亲朋好友，庆祝建醮成功。

农历四月初三是欧阳真仙神像进城的固定日子。当天，迎神队伍中8人抬轿、6人打锣鼓、2人捧香炉，其余人员擎伞、执彩旗，浩浩荡荡地由嵩口坪木南青乘船逆流进入城关，在东门樊公庙前下船。迎神工作由本届醮会筹备班子负责，各坊均派代表参加。入城时，各户在门首点烛、插香、放鞭炮。在阳仙公神像进城、出城的前后三天，城内都忌杀生，全城善男信女要沐浴斋戒。仙公神像进城当日，先将神像抬至总理事长家中，举行仪式后，欧阳真仙神像还要再环城巡游一周。除各坊打“坊醮”，也有一些人家要求恭迎阳仙公神像到自家打“家醮”，这是被允许的。但如要求打“家醮”人数太多，时间上不好安排，便要由各坊董召集要求打“家醮”者，采取拈阄办法决定。“坊醮”和“家醮”，时间均只有一天，不能拖延。因为拖延会导致后续工作无法安排。阳仙公神像被接至坊庙的同时，还同时至金莲寺迎请定光古佛、从南极山迎请吴仙公等神像“陪

定光古佛像（陈汝辉　摄影）

吴文真仙像（陈汝辉　摄影）

同”做醮。定光古佛的化身是唐末宋初的高僧，与伏虎禅师并列为汀州二佛，成为闽西汀州的守护神之一。正月初六为定光古佛圣诞，每年这天金莲寺都非常热闹。吴仙公，元末明初宁化安乐人，从小家境清贫，年复一年在清流来龙山砍柴卖以供养老母。因遇异人点化，在来龙山（南极山）一石洞中修炼得道成仙，信者求之灵验。每年农历十一月二十五日为吴仙公圣诞，求之者甚众，香火旺盛。

建醮当天，各家在门前摆出方桌，临街挂起绣有“龙凤呈祥”之类的桌帷。各户主人将珍藏的古董、银锡器皿、玉器佩饰等陈列桌上，没有古董的家庭便摆上南瓜、雪薯等瓜果以代替，称“摆五方”。仙公巡游一向十分热闹，花棚古事、舞狮游龙以及踩高跷、船灯、龙凤彩旗、千叶凉伞，令人眼花缭乱。农历五月初三，护送欧阳真仙神像出城返回大丰山时间亦是固定，年年如是。这天，清流城关各坊推举的代表抬着阳仙公神像再次环城巡游，向信众告别。午饭后，阳仙公神像乘木船沿龙津河顺流而下，至嵩口木南青西丰山，在此稍作停留，尔后再行陆路，由众人抬至大丰山顺真道院内安放。由于顺真道院内只有这么一尊欧阳真仙神像可供迎请，而各地要恭迎阳仙公神像打醮的还有很多，顺真道院的道士便要做好时间上的安排，因而各地打仙公醮的时间不一致。而只是从大丰山顺真道院“取火”回去打醮的，在时间上则不受限制。

西丰山庵供奉的欧阳真仙像

（青牛　摄影）

关于迎仙公入城打醮，在民国二十五年（1936）曾发生了一件有趣的事情。这年农历四月，清流城关照例进行打醮，而国民党县党部指导彭田

华却下令“不准抬仙公游街”。县保安团团长郑旌溪十分迷信欧阳真仙，急着要去醮坛点烛上香向仙公许愿，却被告知不准，十分生气。郑团长拥兵自重，不顾党部禁令强行抬仙公游街，还派荷枪实弹士兵护卫，行至儒学街县党部门前，眼见彭指导率党徒十余人神气十足拦截。郑团长根本不把彭指导放在眼里，命士兵以机枪朝天鸣枪回应。彭指导等人吓得不行，慌忙逃入街边一厕所内，很久都不敢露面。

二、清流赖坊庙会

欧阳真仙小时候在赖坊官坊村生活，又是在大丰山修炼得道成仙，因此赖坊人对欧阳真仙有更加特殊的感情，对欧阳真仙崇敬也更甚。当地信众凡疾病、婚育、建房、搬迁、学业等，无不前往脚下庵“问询”阳仙公。除在正月要打醮，每年农历五月、九月还各打一次仙公醮。具体的打醮时间约定俗成，或由福首班领衔向脚下庵阳仙公“问询”。醮会的筹

赖坊醮会迎神（红菇　摄影）

赖坊醮会拜天师（红菇　摄影）

备组织按房族轮流执事，每年农历五月和九月打仙公醮的程序与正月期间的打醮大致相同，民俗活动却各有特色。筹备工作须提前半个月进行，主要解决醮会经费、延聘道士及各项具体事务安排等问题。每次打醮，总甲（福首班总负责人，也称总理）根据福首成员的意见，对负责迎炉、掌香灯、出纳、保管、文书、鸣锣、金鼓、放铳、厨房、担柴、扛香案、扛阳仙公神像、扛赵大元帅神像、抬旗、摆纸扎、放炮、摆五方桌、灯光、香火等具体工作的人员作出统一安排，由总理确认并协调开展工作。醮会所

古乐坊（红菇　摄影）

冲炮阵（红菇　摄影）

赖坊庙会“摆五方”（AB　摄影）

需经费按全村户数分摊，也接受信众捐赠和村里补助。经费收支情况，在醮会结束后由福首文书用红纸抄写，张贴于明显位置公示，接受信众监督。

显然，赖坊醮会在规模上远超清流县内其他乡村，其间不只有道士登山台作法，活动中还有古乐坊、冲炮阵、武术等表演。正月十五元宵节冲炮阵是赖坊一年中最重要的民俗活动之一，几百挂长鞭炮缠绕在长长的竹竿上，在祖庙前摆成“阵式”，吉时一到，烟花爆竹齐放，响声震耳欲聋，浓烟弥漫，仿佛直上九霄云天。数名勇敢无畏的村民合力拥抬着欧阳真仙神像钻进炮阵，冲入祖庙，祈求国泰民安、人寿年丰，场面煞是壮观。每年农历九月的开师大醮，还有一项重要活动，每房都得拿出珍藏的祖传珍宝，摆在村中央古戏台前广场上，按五行和东、西、南、北、中等不同的方位摆放，供全村人及客人欣赏评论，称“摆五方”，将传统的精神层面上缅怀先人的行为融入物质的展现，直观地表达出对祖先的追思与怀念。

官坊庙会　正月十一至十五日，共五天。庙会的组织者称“福首”，执办当年的福首称“上元福首”，上届福首则称“星辰福首”。上元福首负责本次庙会活动的主办和打醮费用筹措。官坊村福首班子成员固定由25人组成，由各房族推选产生，分两组轮流执办庙会活动。每组12人，外加总甲1人，每期庙会福首班子成员均为13人，总甲必须由定达、定应公的后裔轮流担任。庙会期间，全体村民须斋戒，执办当年庙会的“上元福首”家庭成员，斋戒还得提前两到三天。斋戒、沐浴是为了表达对欧阳真仙的尊敬。各福首均需提前制作一盏精美的花灯，庙会活动开始后在村内巡游。正月十一起，连城、长汀、永安及本县各地的亲友，接到邀请后陆续前来参加活动。当天上午9时左右，随着大铳一声巨响，总甲召集上元福首班全体成员，抬着旗幡、扛着香案，锣鼓、唢呐等随后，从村里的上官氏祖屋大厅出发至脚下庵，迎请欧阳真仙和赵大元帅神像下位入神辇，抬至固定地点，举行科仪后，由总甲掷筊“问询”仙公，确定来年上元福首统领。11时左右，恭迎阳仙公等神像进村。此刻，全村锣鼓喧天、鞭炮轰鸣，人们蜂拥而出，将狭窄的村道挤得水泄不通。仙公神辇从上村口游到大桥头（万一公桥），不到500米的路程，往往需要一个来小时。下午2时左右，各房族把“花棚”集中在桥头展示，随后向祖屋厅进发，欧阳真仙神辇紧随其后，各户则在门前备好花炮燃放，表示对仙公到来的欢迎。晚饭后，开始游花灯、龙灯和“游神”，25盏“福首灯”紧随其后。

“走古事”是民间祈求风调雨顺、国泰民安的祭神娱神活动，寄托着民众对美好生活的向往。“走古事”也叫“游花棚”。“花棚”即为“走古事”所扎制的架子，分主干和分枝，根据所扮人物多少和表现姿态而定。“走古事”在官坊庙会活动中已有几百年的历史，从前采用竹木制作，现在多以铁架固定在桥式木架上，两边扎上竹杠，以便抬行，还有以机动车辆代替人力的。所扮古事以历史故事人物为造型，有“刘备

招亲”“穆桂英挂帅”“许仙送伞”等内容。一台“古事”，需要1—4名男女演员装扮，并由2—8人抬着巡游表演。“走古事”的“花棚”表演时，单独或与“仙公巡境”一同进行，“花棚”上扮演穆桂英、刘备、许仙等古代人物的演员，或端庄持重或温文尔雅，形象十分生动有趣，引来众人围观和评点。“花棚”游完一圈后，全部在村中的新屋坪集中，

官坊庙会上的花钵灯（陈汝辉　摄影）

官坊庙会欧阳真仙、赵大元帅“巡境”时乘坐的神轿（陈汝辉　摄影）

官坊庙会游瑞兽灯（陈汝辉　摄影）

“游神”则继续进行。随后，“花棚”被扛至本房族寿星家，向老寿星拜年。欧阳真仙、赵大元帅神像则安放在祖屋供奉。与此同时，祖屋厅前坪上，抢酒喝、抢草包的传统游戏正式拉开帷幕。传说“饮了仙公面前一口酒，能活九十九”；“抢个烂饭单，平安清吉，发财又消灾”。晚间游街，龙、狮、象等造型的花灯及小红灯、莲碗灯排成的长龙，在夜幕下的街巷中缓缓游走，那些平日里安静的、很少人走动的老房子顿时热闹起来。十二日

官坊庙会游龙灯（陈汝辉　摄影）

下午3时左右，继续游“花棚”，活动内容与十一日基本相同，只是外地来的客人多数返回，村街上的人少了许多，大不如前一天热闹。游完“花棚”后，大家仍然在祖屋厅前坪玩抢酒、抢草包游戏。晚饭后，继续游花灯、龙灯，随后是游“香案”及25盏“福首灯”，通宵达旦。十三日，三边坑、素坑园、寨下塘的村民到官坊村，迎请阳仙公和赵大元帅神像至本村打醮。延至晚间，阳仙公上天宝寨观睡佛，并在天宝寨过夜。当晚11时左右，25盏“福首灯”和全体执事、锣鼓等齐聚天宝寨。十四日早，背坊村民将阳仙公、赵大元帅神像迎请至本村打醮。中午，官坊村民将阳仙公、赵大元帅接回祖屋供奉。晚11时30分，在祖屋厅举行“阳仙公过屋”仪式。所谓过屋，就是阳仙公神像由长房祖屋扛到二房祖屋，次年又由二房祖屋过到长房祖屋，如此反复轮回。此时，各家点燃火把将祖屋前的大坪照得透亮，燃放的鞭炮震耳欲聋，充满乐趣和冒险的“冲炮阵”习俗延续至今。其

赖坊天宝寨山门（红菇　摄影）

中“过屋”由星辰福首操办，“安神”由上元福首操作。随后，在祖屋内打仙公醮，举行一天两夜平安祈福法会。十五日，继续游花灯、游龙、游花棚活动。至当晚 11 时 30 分左右，祖屋内举行的平安祈福法会所有程序完毕，庙会宣告结束。十六日开斋，当天一早，陈家马坊的沈姓村民在鼓乐队的喧闹声中，将阳仙公神像恭迎至本村，设坛打醮。

赖坊庙会 从正月十八至二十日，共三天。正月十八当天，不仅官坊、南山有大批的村民聚拢过来，连城、长汀和本县李家、灵地、余朋、沙芜等乡镇的客人也会潮水般地涌来。此时，赖安、赖武两村人山人海，十分热闹。中午 12 时左右，欧阳真仙、赵大元帅等神辇，由众人抬着从祖庙出发，向村中的新庵坪游来，各房、各自然村的扮古事“花棚”齐集在新庵坪，并从新坪庵出发，沿溪上至朱文庙，经大街游走至镇安门。一路上，照样是鸣锣开道，幡旗招展。“花棚”后面紧跟锣鼓琴箫，阳仙公

赖坊古戏台（青牛　摄影）

赖坊庙会“游菩萨”（红菇　摄影）

神辇所经之处必定是花炮恭迎，震耳欲聋。几处居家密集，道路狭小之地，“游神”队伍往往需要较长时间才能通过。从新庵坪过桥向大路直上

赖坊庙会时有大戏演出（陈汝辉　摄影）

赖安桥，这里是商业街道，鞭炮集中燃放，热闹场面更甚村内老街上。下午3时左右，新庵坪上，青狮、黄狮、红狮三狮会集。舞狮是中国民间传统喜庆表演，狮子被认为是驱邪避害的吉祥瑞物，每逢节庆或有重大活动，赖坊必有醒狮助兴，长盛不衰，世代相传。与此同时，村中戏台坪上赖坊新公汉戏团、朱文庙的傀儡戏（木偶戏）相继开场，吸引了一大批客人前往观看。晚上精彩的游龙灯格外引人瞩目，特别是大花灯上一幕幕传奇故事的图像，“八仙过海”“韩信拜帅”“岳母刺字”“关公斩貂”“金陵十二钗”“三打白骨精”等，看得人们眼花缭乱。

南山庙会 农历二月初八至初十，共三天。相传很久以前，南山村只有林姓一户人家居住，有一年遇上战乱，这户人家逃难时不慎将不满周

南山庙会盛况（红菇 摄影）

南山庙会茶园里游龙（陈汝辉　摄影）

岁的男孩遗落，幸而被一姓马的员外捡得并抚养长大。这男孩聪明过人，从小接受良好教育，上京赴考一举高中。他遵照养父的要求到赖坊南山寻亲，经历一番周折终于找到亲生父母和兄弟，合家团聚，喜不自禁。这天正是农历二月初八，南山村人便将这天定为纪念日，后来成为南山村庙会会期。初八下午，南山村照例要举行阳仙公、赵大元帅及本村庙里诸菩萨的迎游活动，十余棚别开生面的“花棚”紧随其后，迎游队伍场面盛大，十分壮观。南山村庙会游的“铁枝花棚”与其他各村不尽相同，更具特色。来自东山、姚家村的“花棚”，过去要翻山越岭扛到南山，演员们都很辛苦，但人们却乐此不疲。演员们在“花棚”上认真地表演着与故事有关的表情和动作，神情专注，笑容满面，赢得观众热烈喝彩。游人紧随着“花棚”在狭窄的街巷中穿行，各家各户在家门前燃放鞭炮。游完“花棚”后，阳仙公神像入祖庙供奉，然后抬至村中案下长坪。村里林、马两姓人家每年这天都要在这里进行一种叫“抢轿搓”的游戏，据说谁家抢赢了谁家这年就会人丁兴旺。

三、清流下窠醮会

下窠村是欧阳真仙诞生地，原先都是在每年农历七月十五打仙公醮。因为村民整修崇祀欧阳真仙妙应宝殿，从20世纪90年代起改为正月二十四、二十五日的春醮和农历十月初一的秋冬醮，两次醮会（庙会）在规模、程序上大致相同。正月二十四、二十五日的醮会原来主要是崇祀定光古佛。早年在阳坊设坛打醮，直到下窠仙公庙建成才将打醮地点改在下窠，醮会活动中心多设在村口的妙应宝殿或者村部前的操场上。每次做醮，村人都热情邀请各地亲友前来做客，是时全村人头攒动、鞭炮声震耳欲聋，场面十分热闹。

下窠仙公符

下窠醮会“游菩萨”（AB　摄影）

醮会筹备工作半个月前就要进行，由村民推荐成立的仙公醮会理事会负责，统一指挥、协调建醮全部事宜。建醮经费按全村户数分摊，对特殊困难户不搞硬性摊派，也接受信众捐赠。抄写表文的人负责在建醮前将上表人名单抄好，张贴在仙公庙的墙上。建醮时间多为一天。凡上表者，必须到醮园焚香点烛，在阳仙公神位前摆放供奉果品。建醮之前，村民仍可用腥荤食物和酒水招待客人。有的信众为表示对欧阳真仙的一片诚心，建醮前三天就戒腥荤吃斋。但建醮这天起，全村家家户户必须吃斋，严禁杀生，待醮事结束方可开斋。醮会期间打糍粑是一项重要的传统娱乐活动，设在醮坛中心的石臼被信众和看热闹的游客围得水泄不通，人们争相品尝刚刚打好热乎乎的糍粑。

醮事开始，道士即行上表、朝幡，说文：“香自诚心起，烟从信里来，一诚通天界，诸真下瑶阶……”接着道士手持朝笏，开坛祀神，按八卦方位走向，一人走坛，其余人员跟随主坛走向，以唱调形式演唱经文，昼诵《三官经》，晚念《仙公诰》。

下窠庙会仙公“巡游”（青牛　摄影）

每次诵经必须完整地将一部经文诵完，不可暂停先处理其他事情，再接着诵经。醮事开始，礼乐花炮齐鸣，信众争先恐后在醮园焚香点烛，上供敬神。信众向欧阳真仙祈求的心愿无论是否实现，都必须还愿。

下窠醮会，不单是对神的崇拜，还有对祖宗的景仰。当地欧阳姓氏村民始终怀着对美好生活的希冀，坚持在自家神龛上张贴仙公的神符，无数次在心底默念仙公保佑，祈盼祖先神明欧阳真仙给予他们更多的关照。

至今，龙津镇城北各村每年庙会仍从正月十六开始至三月初三，历时

南岐"三月三"文化下乡演出（吴传义　摄影）

一个来月。十六日，从桥下村始，依次田背、阳坊、荷林、下窠、楼下、供坊、杨七坑、俞坊、大基头、吴头陂、暖水、南岐等村，依惯例迎请欧阳真仙和定光古佛神像顺延举办，至农历三月三南岐最后一个村，整个庙会活动方告结束。早年，首先开始打醮的桥下村民正月十六便要去金莲寺迎请定光古佛塑像，欧阳真仙神像则从阳坊迎请。定光古佛神轿由 4 人抬，欧阳真仙神轿由 2 人抬。南岐村醮会后，定光古佛塑像从南岐乘船至城关北门渡口上岸，由轿夫抬回金莲寺；与此同时，欧阳真仙神像由南岐村民送回阳坊祖屋。目前，除下窠庙会因仍在下窠仙公庙设坛打醮并举行祭神、游神、走古事等活动，崇祀欧阳真仙的味道相对较浓，其他各村庙会活动已经很少设坛打醮，更多以送文化、送法律、送政策等"三下乡"新风尚活动取代。

四、清流蛟坑庙会

蛟坑，古称蛟溪，村民以陈姓为主，唐开元二十九年（741）由浙江

吴兴（今长兴）徙居永安贡川又迁明溪，延至17世又从明溪胡坊柏亨迁清流梦溪旧场，复迁蛟坑、东坑。每年正月二十二日蛟坑五通庙会，是该村最为隆重的岁时民俗文化活动。五通庙供奉五通神、欧阳真仙、五谷真仙、泗州老佛、民主尊王等神明。蛟坑村民为感恩这些神明的庇佑，每年都要“做醮”祭神。蛟坑五通庙会历史悠久，在清至民国年间十分盛行，20世纪50年代至70年代曾一度停止，后逐步恢复。

蛟坑五通庙位于村口（红菇　摄影）

早期，庙会以抓阄形式选出两个人“做头”（负责人），2002年后改为每20户为一组轮流做头。费用按全村人口平均收取，并接受个人捐赠。为了表达对神明的敬意，做头之人必须在元宵节过后开始斋戒，其余农户正月二十开始斋戒。庙会从二十一日开始至二十三日上午结束。

蛟坑五通庙欧阳真仙像（青牛　摄影）

二十一日，家家炸豆包（油饼）、麻蛋、豆腐，准备好请客的食材。当天起，五通庙内张灯结彩，午后道士在庙里开始画符，村民将符拿回家贴在大门上以驱邪镇恶。当晚23时许，三声神铳响过，爆竹轰鸣，庙会正式开始。庙会打醮程序主要有：请神、迎神、祈祷、安神、上表、扬幡、诵经、参神、放灯、上供、敬花、度孤以及回台奉吉、求福消灾、佑民保安等十几个环节。

蛟坑醮会道士作法（青牛　摄影）

二十二日上午8时后，本村和邻村的善男信女纷纷前来五通庙“朝菩萨”。此时，五通庙内香火缭绕，人来人往，十分热闹。道士念经声、唢呐声、锣鼓声、爆竹声将庙会推向高潮，整个村子沉浸在节日欢乐之中。上午10点左右，“菩萨”巡境，众人抬着五通庙内的五通神、欧阳真仙、五谷真仙、泗州老佛、民主尊王等神佛绕全村巡游一圈。神佛坐轿经行各家门前，各户均以燃放鞭炮表示恭迎，祈请神佛保佑全家平安顺利。中午临近，村民竞相邀请客人到自家吃饭，主要是红菇、香菇、木耳、笋干、豆腐、芋包、粉干等素食。庙里的法事则继续进行，直至晚上12时才结束。法事结束后，依例要杀猪谢神。

蛟坑举办醮会时周边村民前来烧香祈福（青牛　摄影）

二十三日午，全村大摆宴席，村人聚在庙前坪尽情畅饮，拉家常、道万福，甚至一醉方休。

五、清流泰山庙会

泰山是清流余朋的一个小山村，传邱氏先祖从宁化迁入时为山脚下上水村陈姓人家烧炭，而后在山顶开基，故旧村又名炭山。因畲族人口占一定比例，该村还是少数民族畲族村。近年，村里已经连续三年举办传统畲族风情民俗庙会活动，其间道士“过火山”、畲家传统“舞龙摆字”和畲族歌舞表演等，吸引了众多游人前来观看助兴，带动了当地经济发展。始建于明季的泰山仙公庙，于 2015 年重修，是清流县为数不多依法登记的道教活动场所，主祀欧阳真仙，场所内还供五谷真仙、泗州老佛、定光古佛、张公法祖、马吴真仙、观音菩萨、三佛神师等神明。泰山仙公庙因神灵显应传说而遐迩闻名，信众有求络绎不绝，香火十分旺盛。每年正月十五和农历十月初二各打一场仙公醮，是时，周边数乡有上万信众前来朝拜。

依照传统习俗，打醮一般为两天时间。醮会前要组建醮会理事会，推举醮会福首 1 人，理事会成员 9 人，所有人选均要由本地长者或有名望之人向阳仙公“问诰”，才能确定。启醮前几天，醮会福首须斋戒沐浴后在仙公神像前宣誓就职。醮会经费采取募化的办法筹集，一般每户 100 元起，多者不限，同时还请求周边企业赞助。筹集来的资金主要用于醮会期间的一日三餐、道士工资、烟花爆竹等费用开支，若有结余便留作宫庙修葺。庙会期间，全村各家各户都会热情邀请在外的亲友前来做客。若是客人来得多，主人会觉得很有面子。与此同时，理事会要做好醮会相关准备工作和人事安排，道士通常要请 5—7 人，并安排人员前往大丰山“取火”。启醮前一天，全村人均须沐浴食素。启醮时，福首组织相关人等在选定的时辰，恭请庙内的阳仙公等神像入辇，尔后道士登坛，醮会福首等人向神像行三跪九拜大礼，道士诵经奏表，宣告醮会正式开始。醮会主要

泰山庙会打糍粑（青牛　摄影）

泰山庙会“过火山”（青牛　摄影）

泰山庙会畲族风情文化活动（青牛　摄影）

程序包括请神、游神、度孤、放生等，各个环节都有特定的内容，仪式感十分强。游神历来是醮会的高潮，前面 1 人鸣锣开道，乐队、彩旗紧随其后，欧阳真仙、五谷真仙、观音老母、泗州老佛、吴氏仙娘等众神明神辇，由村里身强力壮的年轻人抬着缓缓前行。神辇从仙公庙出发，道士在

前面引路，一路放铳、放鞭炮，经村口风水桥，绕主村道路游行一大圈。游神时，福首会指定1人先点燃一大把香，当神辇经行某家门前时便在该户人家大门前插一炷香，表示阳仙公保佑这家人平安吉祥。各家各户都提前在家门前摆设香案，当神辇经过时立即燃放鞭炮，以表达对阳仙公等神明的恭敬，虔诚地希望阳仙公庇护家人。游神之后，欧阳真仙等神辇被众人簇拥着抬回仙公庙，完成醮会最后的施孤、酬神等仪式，直至散醮。醮会结束后，举行开荤仪式，意为接福纳祥。

泰山庙会“游菩萨”（青牛　摄影）

六、清流嵩溪庙会

嵩溪是欧阳真仙信众分布较为广泛的地区，传统的农历九月庙会是目前清流县规模最大、时间最长、参与人数最多的庙会，庙会祭祀主神五通，但其中也不缺乏欧阳真仙信俗文化内容。每年农历九月二十五日至二十九日，历时五天时间，嵩溪照例都要举办传统庙会（灯会）活动，以庆祝五通尊王华诞。庙会活动由嵩溪桥头、驿前、管尾、站背、圩坪（含老寨）和桥背（含黄沙口）等六坊轮流主持操办。是时，各地前往嵩溪赶庙会的宾客，以及到嵩溪农科村五显庙（五通庙）里拜神、祈福和求平安、保健康的善男信女络绎不绝。庙会期间，游花灯、抬菩萨、唱大戏、吃流水席，还有丰富的物资交流，十里八乡宾客云集，十分热闹。

宋王逵《蠡海集》云：“九月二十八日为五显生辰。盖五显者，五行

嵩溪五显庙供奉的欧阳真仙（中）（青牛　摄影）

五炁之化也。”五显之所以有如此广泛的信仰范围，与五显神的灵迹有关。其或施药驱疫，或抵御旱涝，或助人取功名，无非正事。旧志云：“乡人立祠像以乞灵，水旱疫疾，祷之皆应。”在嵩溪境内，早年曾建有五座五通庙，分别主祀五通神的五兄弟。位于塘凤村余公桥右侧山边的五通庙供奉老大显聪，位于嵩溪村观音桥边的五通庙供奉老二显明，位于青山村青口的五通庙供奉老三显正，位于塘背村水口边的五通庙供奉老四显直，位于上坑亭驿站九店边的五通庙供奉老五显德。相传，嵩溪五座五通庙里分别供奉的五通神像，是在宋时由一棵巨大的樟树分切雕刻而成。每年农历九月，在嵩溪境内举行游神、游花灯活动，分处五座庙里的五通神事先都要在塘凤余公桥的五通庙里集会，然后由信众请神回各村打醮巡游。每当五通神巡境，欧阳真仙都位列其中，受到信众热烈膜拜。据说是因为共有五尊神明，嵩溪的庙会期才定为五天。然而，时过境迁，五尊五通神聚会的活动成了记忆，大多时候嵩溪境内五通庙各自开展小规模祭祀活动，不似从前那般热闹。

早前，境内的五座五通庙轮流“当值”，当定下吉时（也有在正月十五日前后），做福首的要打筊“叩问”五通神是否要巡游，得到五通神“首肯”后，方可组织游神。于是，信众斋戒，将五尊五通神五兄弟一同抬至塘凤余公桥五通庙集中，举行庆典，做醮三天后，各村福首才能将把五尊神请回村巡游两天。游神和游花灯，是嵩溪庙会最为精彩的内容。为办好每年的庙会，嵩溪的花灯手艺人提前制作许多各式精致花灯。村民普遍认为花灯送吉祥，神明能赐福，日后生活定能红红火火，蒸蒸日上。因

嵩溪庙会游灯游神（陈汝辉　摄影）

此，每年庙会都要举办游花灯和游神活动。当得知游神队伍要经过自家门前时，沿街两边各户都在家门口高挂灯笼，虔诚地焚香点烛，燃放鞭炮恭迎神明驾到，祈求神明护佑全家安康。

现如今，嵩溪举行庙会期间，每天上午，五显庙里的五通尊王、华光尊王、欧阳真仙神明等都要分别乘神轿，在前面彩旗队引导和人群的拥簇下，从嵩溪观音桥头出发，经行嵩溪老街，然后从公路返回庙中。游街队伍浩浩荡荡，悠扬的丝竹和热闹的锣鼓声，以及震天动地的铳声、鞭炮和人们相互祝福声，不绝于耳。特别是夜幕降临时，花灯与众神同游，拉开一年一度的嵩溪庙会狂欢帷幕。在嵩溪街头，人们抬着、举着绘有图案的花灯参加游行，孩子们身着传统服饰，手举莲花、大象、狮子等不同样式小型花灯与旗帜参与游行，紧随游街队伍，嬉笑打闹，为这一传统民俗活动平添了许多意趣。

嵩溪庙会期间的打醮，也称“做醮”，有请神、上供、竖幡、发表、敬土、诵经、游符和跳海青等科仪内容。做醮仪式神秘而热闹，福首领着

嵩溪庙会牛市（张志猷　摄影）

信众，按道士的指示，做着跪拜、上香烛、上供品、燃烧纸钱等举动。做醮还要去各家各户“游符”和“送符”。游符活动涉及当地每家信众，道士在福首人员引导下，挨家挨户送上灵符，并打筊看这户人家家运是否顺畅，如是圣杯，即燃放鞭炮，皆大欢喜。跳完海青，送神仪式结束后方可开戒，亲朋好友开怀畅饮，互致庆贺。

嵩溪老村依山傍水，街巷古朴依旧，世代栖居于此的村民，尤其重视传承优秀传统文化，并借助传统庙会发展和繁荣经济。为活跃乡村经济，1953 年 11 月 9 日嵩溪庙会举办交流会，开展耕牛交易，成交耕牛 97 头。20 世纪 80 年代前后，嵩溪庙会是远近闻名的物资交流会（交牛会），每年这个时候，嵩溪大街小巷被售卖各式商品和传统小吃的摊贩挤满，人流涌动。特别是固定在嵩溪河滩进行的耕牛交易市，每年交易耕牛达数百头，一度成为全县最大的耕牛交易市场。

近年，嵩溪积极倡导“庙会新风”，开展移风易俗专项治理行动，改革庙会活动内容和形式，通过组织举办庙会花灯游园会，让百姓在参与和

欣赏本土特色文化活动，丰富精神文明生活的同时，唤起新老嵩溪人的美好记忆，留住一股浓烈的“乡愁”，将原本传统的庙会转变为农民学习政策法规、吸纳科技知识的大平台，改变过去大吃大喝、相互攀比的陋习，让文明节俭的理念入脑入心，进而彰显出乡村风貌“新旧共生、和而不同”。

七、连城醮会

早年，连城姚蔡坊（现为连城机场）一带是连城欧阳真仙信众的主要分布地。在当地，当时建有元真堂、广福堂，其附近的洪山、田心、姚坊等村均有大量的信众，每年都要到清流大丰山进香“取火”，并请道士打醮。当时只能走山路去大丰山进香“取火”，来回需要三天左右时间。现在大丰山通山道路开通，汽车可直达顺真道院，当天就可往返。醮会是一项群众性的活动，涉及很多方面的事情，需要提前做好相关准备工作，如组建工作班子、筹措经费、做好人事安排等。

洪山村现有人口1000多人，主要有林、李两姓。一直以来，村民多信奉欧阳真仙，他们约定两姓轮流做东，定期组织举办仙公醮会。仙公醮会定于农历九月十六至十八日举行。原来醮会都在村中的祠堂内进行，因担心木结构的老房子消防安全问题，2005年，林、李两姓代表商议，决定修缮专门祀奉欧阳真仙的神庙。神庙建成后，村民在其内还附设老年人活动中心。醮会的筹备工作往往在农历八月就要开始。理事会由村民推荐产生，通常是由村里口碑好、有名望的年长者担

连城西山院供奉的“金身”欧阳真仙像（青牛　摄影）

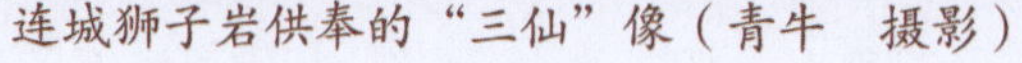

连城狮子岩供奉的“三仙”像（青牛　摄影）

连城信众进香时擎的彩幡（陈汝辉　摄影）

任。理事会成立后一般要干好几年。经费方面，每次醮会全村每人捐助 20 元不等，多者不限。农历九月十五日，理事会组织信众前往大丰山“取火”。前往大丰山“取火”的队伍，通常有数十人，甚至上百人，前提是自愿报名参加，并且要经理事会同意。在大丰山“取火”后，有的信众还会在顺真道院住上一晚才回。当欧阳真仙“香火”取回将至城关时，村民

连城罗坊水上“走古事”（红菇　摄影）

需提前做好准备。将村里供奉的欧阳真仙神像“请”入神轿，大家簇拥着欧阳真神轿至北城门恭迎。是时，信众们一起燃香放炮，香烟弥漫、鞭炮轰鸣，场面十分壮观。然后，信众将“香火”迎回祖祠或庙里供奉。醮坛事先已经搭好，道士开始登坛作法，念经上表，烧香上供。其间，还有游神、“走古事”、木偶戏演出等活动。连城县罗坊乡“走古事”，是当地最具特色的传统民俗文化，有“山村狂欢节”之誉。每年正月十五，罗坊走古事活动都会吸引附近十里八乡群众乃至全国各地游客前来观看助兴。当天，罗坊走古事在大坪和水中先后举行，大坪由成千上万观众围成约四百米环形跑道，古事在跑道中竞相奔走，观众在里外两边呐喊鼓劲。中午1时许，走古事活动进入高潮，近十棚古事从云龙桥相继下水，百余名抬着古事棚的壮汉在青岩河中逆水而走，奔跑追逐，场面十分激烈，数万名游客欢呼迭起，场面十分壮观。醮会期间，全体村民被要求必须吃斋，至十九日方可开斋。

在洪山村，除了庙里供奉的欧阳真仙像以外，还有一尊小仙公像在村

洪山村信众进香时所用的彩幡（陈汝辉　摄影）

洪山村每年打完醮后，仙公像常年供奉在村民家中（陈汝辉　摄影）

民家中轮流供奉。供奉仙公需要每日上供，奉茶、燃香、点长明灯等。虽然礼仪繁琐，但村民丝毫不觉麻烦，趋之若鹜。特别是当年迁入新居的村民，更希望能够迎请仙公回家供奉。迎请仙公像到自己家里供奉需要通过抓阄决定。据说，有个别人家，特地盖好新房迎请仙公，但几十年都未能如愿，足见仙公在当地村民心目中的地位。莲峰镇江坊村旗峰寨（旗石寨）是连城冠豸山景区中石崖下的一个老庵，这些年尽管由于道路阻塞，较少有人前往拜谒此间供奉的欧阳真仙，但仍有好事者，坚持每年农历六月来此建醮祈求安康。

据姚坊村姚氏理事会负责人介绍，民国时期，姚坊村的信众每年都去大丰山朝拜欧阳真仙，进香“取火”。早年交通十分不便，一个来回需要好几天时间。“文化大革命”期间，朝拜活动曾一度中断，至2004年才恢复朝山活动，改为每三年一次，并且规定每年农历八月十七至十九日为打仙公醮。打醮需提前做好相关准备工作。八月十六日，理事会组织朝山队伍，擎着彩幡，浩浩荡荡地向大丰山进发。至顺真道院，按照一定程序

连城旗石寨供奉的欧阳真仙像（青牛 摄影）

姚坊村每年打完醮后，仙公像常年供奉在村民家中（陈汝辉 摄影）

把阳仙公的“香火”取回。前去朝山的信众代表，都被要求前三天就必须开始吃斋，一直到醮会结束，以示对欧阳真仙的崇敬。以往由于交通制约，前去大丰山“取火”的信众代表，多会在顺真道院留宿一夜，次日天明再启程返回。返回途中，大家都盼望着手持的彩幡快快“结彩”。传说，彩幡下的飘带在不经意间自行打结非常吉利。若是结了“彩”，信众会如中了大奖一般高兴，若迟迟不结“彩”，心里就会不愉快。八月十七日，信徒们将大丰山取回的香火，连同彩幡，先行供奉在祖祠里。建醮一般要请6名道士，主要是念经、上供、烧香。之后是热闹的“摆五方”和木偶戏演出，至十九日晚，一直持续三天时间。二十日子时过后，按照惯例要杀一头黑猪谢神敬祖。随后，各户人家将彩幡取回挂在家中神龛墙上供奉。三年之后再去大丰山朝拜时，需将旧的彩幡烧掉，带上新的彩幡。

田心村西宝宫供奉的仙公像（陈汝辉　摄影）

田心村民家里挂的彩幡（陈汝辉　摄影）

田心村仙公醮会始于民国年间，当地黄、谢两大姓氏村民约定轮流做首，此项活动延续至“文化大革命”期间被迫中止。1984年，恢复醮会活动，两姓人商定于农历九月十六至二十一日打醮，每六年举办一次，当年由谢氏率先筹办。九月十六日组织人员上大丰山“取火”，九月十七日返回在村里祠堂建醮。九月十八至二十一日为四夜五天大醮，其间要举行恭迎欧阳真仙游神活动。此外，田心村谢、黄两姓还约定，除了每六年打一次大醮，当中每年还要打小醮，时间为农历九月十七晚至十九日两天三夜，建醮地点在村部前坪。平时，村里供奉着一大一小两尊欧阳真仙神像，大尊神像在祖祠内常年供奉，小尊神像则安放在村内的天后宫，信众去大丰山进香“取火”和在村内游神，抬的就是平日里在天后宫供奉的小神像。

连城县朋口镇每隔几年要举行规模宏大的“游公太”民俗活动，天马、南坑等地村民多踊跃参加，活动中也有恭迎欧阳真仙。近来相当盛行的连城罗坊、北团、隔川“走古事”活动，欧阳真仙往往是“游神”的主角。为祈保平安，连城北团上江村农历二月十二日庙会“游大粽”民俗活动，寓意丰收、和谐，必须恭迎欧阳、五谷两位真仙，场面隆重而热闹。此外，连城县揭乐乡吕屋村九龙观，每年农历七月十三日，信众都要为欧阳真仙诵经一天一夜。连城县姑田镇下余上坪村龙归桥庵，每年农历九、十月间也有打仙公醮，请道士念经作法，打醮前要去大丰山“取火”。连城县城关城隍庙自清末民国年始加祀欧阳真仙，确定每年农历七月份打仙公醮，延续至今。

八、三明列西醮会

在三明列西老城墙凝紫门上修建的眷西阁中供奉着欧阳仙师，即欧阳真仙，迄今已有几百年历史。

眷西阁是座有来历的城楼，明崇祯三年（1630）夏末初秋，旅行家徐霞客

在列西凝紫门上修建眷西阁供奉欧阳真仙（陈汝辉　摄影）

眷西阁供奉的仙公雕像（陈汝辉　摄影）

应友人之邀，再次入闽游历，八月于沙县登舟逆流而上访永安桃源景区，途经尾历（今三元梅列），见此地水域开阔，云帆如织，赞叹有加。为纪念徐霞客途经梅列，当地人在历西（即三元列西）古码头建起凝紫门，该城门后与尾历古城墙连为一体并加盖阁楼供奉阳真仙，取名眷西阁。

每年农历七月十四和农历八月初一，眷西阁打仙公醮都有请道士诵经祷告和鼓乐队吹奏敲打，活动从早至晚持续一整天。为首者在此前须斋戒一日。列西仁义坊居民每隔三至五年都要组织人员去大丰山进香“取火”。考虑路上要耗费不少时间，“取火”队伍都得提前几天动身前往，时间通常在农历七月十二前后。被推选去大丰山进香的必定是坊内有一定威望并热心此项活动者，人员 5—9 人不等，必须是单数，其中包括道士 1 人。另外，每年农历二月份眷西阁多有组织人员去朝拜大丰山，具体启程日子要由道士打筊“问询”眷西阁中供奉的欧阳真仙之后确定。

过去交通不便，信众前往大丰山都是徒步，一个来回要走六天时间。有时信众凌晨 2 点左右就起身出发。行走的路线有两条：一条取道永安安砂从罗坊登大丰山，另一条取道清流嵩口坪从赖坊登大丰山。从永安方向登大丰山，路程虽然较近些，但山岭陡峻，道路难行；而从清流赖坊上大丰山虽然坡度较缓，路途却相对较远。前去大丰山进香“取火”的人员必须斋戒三日以上，不得食荤、不得有房事行为，称作“净身”。人员尚未动身，道士便提前三天在眷西阁内诵经。“取火”的设施是一个大香炉，在香炉内有木炭、茶枯、檀香等，“取火”实际上就是用道院内的香火将这些材料引燃。过去，回程需三天时间，一路上“取火”者要小心照看香炉，适时添加木炭、茶枯、檀香，防止火种熄灭。从大丰山取回的“香火”将至，列西仁义坊全体村民，以及封侯、龙岗、富华三坊和翁墩的信众，早已在列东桥头列队恭迎。

眷西阁的仙公神牌（陈汝辉　摄影）

在正式建醮前一天夜间，由“金童”为欧阳真仙神像拂去尘埃，俗称“浴神”。活动这天早晨5点钟，由道士把神像从神台上抬下来，“请”入神轿。早饭后，坊民陆续来到眷西阁前，八名男子抬着神轿在震天动地的鞭炮声中开始游街。游街活动白天在城外各村，晚间移到城内各坊。参与游街队伍多达数千人，其中，举帐旗、三角旗者百余人，提笼、抬匾百余人，鼓乐队二三百人，随行亲友及群众数千人。晚餐开斋宴请宾客，在列西村街上大摆宴席，除仁义坊本坊居民，莘口、富兴堡、徐碧、小焦及城内其他各坊均有代表参加，有时多达千余人共聚晚餐。晚餐后继续“游神”，游行队伍每至商铺、住家门前，各商铺、住家都以燃放鞭炮表达对欧阳真仙神灵的敬意和恭迎，场面极为壮观热闹。

福东院供奉的文官形象欧阳真仙塑像（陈汝辉　摄影）

九、三明列东醮会

列东村古称历山、历东等，宋代属归仁里辖区，元代隶属尾历团（基层管理组织名称）。自唐宋以来，陆续有人迁居列东，聚族而居，拓地建村，繁衍生息，延绵至今。明清时期推行“都”“乡”“里甲”等基层管理制度，列东隶属沙县二十二都辖区，设有和仁、崇桂两坊，坊名沿用至今。民国二十九年（1940）列东划归三元县管辖。列东两坊村民崇祀欧阳真仙的习俗有百余年的历史。当地传说欧阳真仙于清末莅临列东，亲选朱家吉地为庙址，列东乡民于是捐资出力兴建仙公庙于南城门内路边。每年正月十一，列东福东院要举办欧阳真仙、齐天大圣、真武大帝、王通圣君、张公法主五位仙师的醮会。因为只有一天时间，称小醮。但每隔几年还要去大丰山进香“取火”，回来打三天大醮。打醮时必须吃斋，这与其他各地的要求一致。只有打大醮时才有“游神”，称神仙巡境。此时，诸神出

2018 年列东举办欧阳真仙百年庆典盛况空前（福东院　供图）

宫，通法公主居前，接着欧阳真仙，真武祖师殿后；回宫时真武祖师居前，接着欧阳真仙，通法公主殿后。游神的路线通常选择在列东老街居民区穿行，当诸神的神辇经行各家门前，各家各户都以燃放鞭炮表示恭迎。锣鼓乐队、鞭炮礼花，一路相伴，好不热闹。

2018 年 9 月 25 日至 10 月 4 日，列东和仁、崇桂两坊乡民在福东院举办“弘扬民俗文化，共建美好家园——纪念欧阳真仙百年庆典”活动。为确保本次活动成功举办，筹委会制定了庆典活动详细流程：9 月 25 日，安民告示、车辆疏通；9 月 26 日至 29 日，会场布置、安排人员值班和安保工作、防火工作安排等；9 月 29 日下午，到大丰山采集圣火；9 月 30 日上午，到草洋（莲峰顶）采集圣火；9 月 30 日中午 1 点，迎圣火进主会场；9 月 30 日，民众朝拜；10 月 2 日下午，圣火巡坊；10 月 3 日上午，恭送真仙返庙；10 月 3 日下午，民俗演出；10 月 4 日，清理会场。庆典活动结束时，和仁、崇桂两坊乡亲为答谢沿河两岸兄弟坊堡、友情单位、社会各界友好人士对本次活动的支持，还依传统习俗，在海山路段的百米文化长廊开设民俗晚宴，其间精彩的民俗文艺演出把庆典活动推向高潮。

十、宁化俞坊醮会

宁化县安乐镇俞坊村与清流里田乡接壤，这里每年都要举办两期庙会。正月十一的元帅公王庙会和农历七月二十五日的欧阳真仙庙会，前者可以吃荤腥，后者必须吃斋。无论元帅公王庙会或是欧阳真仙庙会，在“游神”时

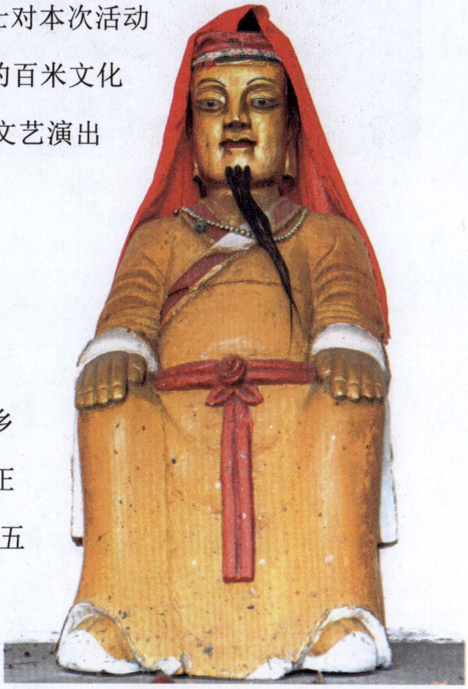

星峰庙供奉的仙公塑像（青牛　摄影）

欧阳真仙都有出场。始建于清初的俞坊村星峰庙，1995 年重修时迁至该村水口处。主殿神龛上关公居中，从左至右依次供奉张康和张所两位元帅、关公及关平和周仓、欧阳真仙等。重建当年，村里便成立星峰庙理事会，总理庙会活动的组织和协调相关事宜。理事会会长、副会长由村民商议推选，全村六个村民小组组长为当然的理事，他们要担当组织放铳、放炮、锣鼓、抬神游村、抬供桌和贡品、读祭文和献帛等具体工作。每次庙会由两个小组长做首，其他 4 个小组为辅，轮流牵头举办。

在星峰庙召开理事会（俞雄辉　摄影）

俞坊村“游神”活动（俞雄辉　摄影）

每年农历七月二十五日，欧阳真仙庙会如期举办。当天，理事会安排好吹鼓手、乐队，以及扛“菩萨”人等到星峰庙，迎请欧阳真仙等进入神辇（神轿）端坐。每乘神辇由两人或四人扛抬，前面敲铜锣，叫“鸣锣开道”，接着提炉、扬旗、举幡、擎伞，锣鼓唢呐随后，紧跟着各神辇缓缓而行。放铳、放鞭炮，一路上浩浩荡荡。全村各家各户都在门前摆设香案，燃放鞭炮，恭迎神辇经过。活动中有“走古事”民俗表演，各家均邀请亲朋好友前来做客。村民觉得客人来的多是有面子的事情，因此，各家各户都尽量多邀请亲友，接连几天村里都十分热闹。相比之下，正月十一的元帅公王会庙会更热闹些。正月初五凌晨，照例又是将星峰庙诸神像请下神龛装入神辇，抬到全村饮水的源头所在地朝坑里，掬清泉为神像沐浴，谓之“开光”，然后，再抬到村中俞氏家庙上厅安放。吉时一到（约八点半），铳响三声，鞭炮齐鸣，鸣金奏乐。双锣开道，元帅公王、关圣大帝、欧阳真仙的神辇依次出场，最后压阵是身着艳装的乐队。大家簇拥着神辇，吹吹打打走上公路，浩浩荡荡地向水口的社公走去。祭社神后，所有神像在村中主要道路、各房香火厅门口巡游。所到之处，家家户户设供桌、摆三牲、茶酒、果品，燃香鸣炮，谓迎神接福。游神结束，大家又集中到俞氏家庙拜祭祖先，并祭关圣大帝、欧阳真仙、元帅公王。祭文内容主要是对诸神和祖先歌功颂德。祭祀活动结束后，将神像送回星峰庙。此时，又是鞭炮齐鸣，铳声震天，抬神辇的小伙们疾驰奔跑，后面跟着的人紧追不舍，将庙会活动推向高潮。

十一、永安罗坊醮会

永安市罗坊乡地处大丰山脚下，境内山清水秀，素称世外桃源，其语言、风俗同清流相近，原系清流辖地，民间信俗文化深受大丰山欧阳真仙文化的影响，为欧阳真仙信俗活动的核心区。一直以来，当地信众积极参

与大丰山顺真道观修建和维护。在大丰山脚下的罗坊村，于南宋末年就修建望仙庵，又称丰山源，主祀欧阳真仙，香火分灵于大丰山顺真宫，每年都要隆重举办仙公醮会。邑人吏部尚书裴应章，因为他的母亲是清流下窠人，曾撰写《丰山仙源堂古迹碑总志》，详述欧阳世清成仙事迹，并述永乐二年宁化状元张显宗为丰山仙源堂作碑记，明确庵制基址、助田数有二千五百秤租，以及道人作奸耍滑，致以常规久失，族人宜念创立美意，当留心复查等。打醮期间，罗坊本地及周边安砂、小陶等地的信众多会前来助兴。

在罗坊乡，罗坊村和吴坊村交界处的闽山寺大殿的左侧，建有妙应仙宫祀奉欧阳真仙，寺庙每年都举办祭祀黄公圣君和欧阳真仙的民俗文化活动。盘兰村钟氏祖屋一直供奉着欧阳真仙，村民在祖祠旁边修建真仙殿，

永安罗坊庙会舞草龙庆丰收（罗坊乡政府　供图）

望仙庵供奉的仙公雕像
（陈汝辉　摄影）

供奉欧阳真仙、五谷真仙和赵大元帅。每年农历五月盘兰村都举办庙会活动，打大醮三天四夜。该村 400 余人，庙会活动约定俗成，由 6 人做头，其中 2 人为首，4 人为副，抓阄确定。活动组织者会给各家各户安排任务，并向每户收取一定费用。活动结束时进行结算，结余留作下年使用。庙会活动前一天，盘兰村依例要组织人员前往大丰山顺真道院进香“取火”，此时家家户户开始吃斋，至醮会结束。前往大丰山进香“取火”是一件非常严肃和荣耀的事情，各户均踊跃派出代表参加。进香“取火”的队伍挑着香炉、举着幡旗前往大丰山，一路上，铳声、炮声、锣声、唢呐声不绝于耳。从大丰山取回“香火”将至，队伍中负责放铳的会提前示意，村民听到铳声纷纷到村口恭迎圣火。恭迎仪式之后，众人将“香火”迎请到祖祠内供奉。接着，要在祖祠中打三天四夜大醮。罗坊桥头、掩桑、溪源、

望仙庵印制的仙公符（陈汝辉　摄影）

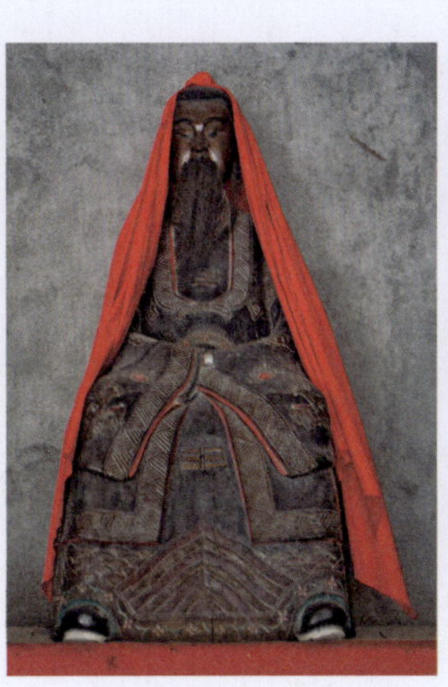

盘兰仙殿供奉的仙公雕像（陈汝辉　摄影）

曹远镇福兴庵供奉的仙公雕像（陈汝辉　摄影）

岳地、坪坑等村都有打真仙醮的传统，各村时间没有统一。溪源、盘兰信众还有前往连城县姑田镇上余村大龙山欧阳真仙庵朝拜欧阳真仙，参与当地每年农历十月十七至十九日的仙公醮会活动。

十二、其他地方醮会

此外，各地凡有供奉欧阳真仙宫庙或祖祠的多有打仙公醮，醮会或单独举办，或与其他神明纪念活动一同进行。如三元中村的大焙坑、白水、蕉坑等村每年农历九月初九重阳节时都打醮，这天有“游神”“过火海”“游龙”等民俗活动。

大焙坑重阳节“跳火海”习俗，2018 年 7 月入选三明市第五批市级非物质文化遗产名录。据考，大焙坑先祖于明嘉靖末年从上杭迁来此处定居，为保佑族人平安，他们在村口修建福兴殿，崇祀欧阳真仙、太保公、关公等。族人商定每年农历九月初九重阳节为欧阳真仙的纪念日，是日要举办娱神祈福“跳火海”活动。据有关学者论证，大焙坑“跳火海”习俗源于先人对火的崇拜，逐步演变成具有宗教色彩的民间祭神祈福习俗。每年重阳之夜，大焙坑村民们都要在福兴殿前铺下燃烧火炭的“火海”，时辰一到，全民进入“跳火海”环节。先是几位村民光着双脚，按东、西、南、北四个方位，飞身踏上火炭堆并来回踩踏，如履平地。随后，大家纷纷地脱鞋赤脚，欢呼着冲进“火海”，被踩碎的火炭火花四溅，场面相当震撼。事毕，各家各户虔诚地将被众人踩碎的火炭作为“火种”带回家里供奉，保佑家人平安，红红火火，兴旺发达。相传，从前中村乡白水村在每年农历六月十七日还有专门打仙公醮，游欧阳真仙等六位神仙，每年去沙县大洛中洋新灵祖殿进香“取火”。由于村民大量外出务工，村里人口不多，近年这项活动几乎停止。

在龙岩新罗万安、白沙等地，欧阳真仙还被称作欧阳文仙，视欧阳真

三元中村大焙坑醮会“过火海”习俗（陈汝辉　供图）

仙为神医化身，包治百病，有求必应。当地专门祀奉欧阳真仙的宫庙涧水洞，每年农历正月初九和九月初九都举行庙会活动，每隔三年要请道士前往大丰山进香“取火”，在庙里请道士打三天四夜大醮。

千百年来，欧阳真仙信俗广泛流传，以上记述最多只是“一斑”。在早年生产力低下、科学技术落后，人们的观念十分保守的传统社会里，醮会确实发挥了无可替代的作用。当时人们把安度灾期、过上美好生活的向往寄托在神明的身上，从而对苦难者的心灵产生一种慰藉作用，有利于人心稳定和社会环境的安定。同时，在传统社会里，由于交通不便，宗族之间、村落之间、乡镇之间的交流极少，通过组织和参与醮会，给予人们许多增进了解、消除成见的机会，从而减少了矛盾，加强区域内群体的团结。民间信仰活动始终与民众的日常生活紧密结合在一起，醮会事实上就是庙会，有庙会就会形成“庙市”，由于大量人口集聚，还起到了促进商品交流的积极效果。

供奉欧阳真仙的宫庙

各地崇祀欧阳真仙的宫庙，大多建造于高山峻岭、人烟罕见之地，只有少数分布于村中或村水口等处。而在海边建造仙公庙，则是极为罕见。本次寻踪，作者共察访了福建省内120多座有供奉欧阳真仙的宫庙，其中在清流县域内60余座，清流县域外60余座。清流县域外主要分布在连城、永安、沙县、三元、宁化、明溪等地。

大多数专门崇祀欧阳真仙的宫庙，其建筑形制多为厅堂式，部分合院

大丰山顺真道院旧貌（青牛　摄影）

龙吟静室鸟瞰（红菇　摄影）

连城云霄岩藏于丹霞陡壁间（陈汝辉　摄影）

或一字形横屋，土木、石木、砖木、砖混结构皆有，屋顶基本是单檐悬山顶，不少是上下或前后两厅，上厅辟为主殿，如清流大丰山顺真道院和连城老盈山、员峰山、云霄岩等。近年重修宫庙，有些为宫殿式建筑，如龙岩新罗涧水洞。连城的云霄岩、登真宫，以及惠安惠山宫等多处宫观，却有着与大丰山顺真道院极为相似的建筑风格。此外，还有如清流的灵龟山庵、白云岩等庵庙，修筑于奇异的地形山势间，傍水依山，超凡脱俗，为游人所赞叹。

在绝大多数供奉欧阳真仙的宫庙中，欧阳真仙通常被置于最显要的位置，但也有一些例外，如大丰山欧阳真仙的神座就被安排在主殿左侧。据说神座下面这地方，就是当年沈侍郎赠予欧阳世清的“吉穴”。因为欧阳、罗、赖“三仙”结义，“三仙”便一并被供奉。这种现象在连城更加

普遍。早年，连城隔川新庵桥的广福堂、文亨园岭上的元真堂、姑田员峰山的崇福堂、清流李家吴家村的聚宝堂，都是将“三仙”一同供奉。对“三仙”的排坐，尊崇欧阳真仙为老大，左右分别为罗仙和赖仙。但在不同的道场，特别是在他们各自的道场，如罗仙的老盈山，赖仙的员峰山，这一情况就会有所改变。在老盈山登真宫，就出现罗仙居中的情况，而员峰山云峰仙庵，也将赖仙居中。单独崇祀欧阳真仙的宫观比较少见，即使是在欧阳真仙的发源地清流官坊村和出生地下窠村，当地的欧阳真仙宫庙也是多神同祀。

惠安惠山宫面朝大海（康炳山　供图）

明清以来，佛、道合流，特别在乡村庙宇中，念佛与斋醮相差无几。这一现象一直在发展。有的宫庙由于某种原因，突然决定增加佛教方面内容，也有个别佛寺在近年才新增欧阳真仙崇祀。因之，当地信众不仅将欧阳真仙与三清、玉帝、神农、关公、赵大元帅、镇武祖师、财神等神明同祀，还与如来、文殊、普贤、弥勒、观音及四大天王、十八罗汉等佛（菩萨）一起供奉。宁化县城郊乡西门的樊公庙、城南乡上坪村的水口庙过去都曾供奉欧阳真仙，每年定期打醮，但由于近年来人口大量外流，没有了组织者，加之神像被盗，现在已不再供奉欧阳真仙，庙会活动中也少了

三元福东院将欧阳真仙塑像供于大雄宝殿佛像前（陈汝辉　摄影）

连城明胜庵欧阳真仙神像和满堂神佛一起供奉（陈汝辉　摄影）

清流妙感宫欧阳真仙和罗仙神像安坐于大殿中的神轿内（陈汝辉　摄影）

欧阳真仙内容。据说，宁化城外张家同和城郊都寮村、李七村一带，过去亦有供奉丰山祖师（欧阳真仙）。宁化县石壁镇江头村的欧阳庙、丰山祖师庙，以及大路背的天竺寺等宫庙，在敬奉欧阳真仙神像的同时，还供奉欧阳真仙牌位。三元区列西将欧阳真仙神像置于凝紫门和东壁门上阁楼内供奉，赋予其镇守城池、保境安民的职能。连城县姑田镇下余村上坪归龙桥庵、三元区陈大镇棕南村龙凤祖洞，以及过去曾供奉欧阳真仙的宁化县城南乡上坪村水口庙、城郊乡西门樊公庙等宫庙，均地处水口，民间显然

黄石坑村悟真堂供奉欧阳真仙石制牌位，碑文：大明成化十年二月初十乙丑良日敬请，丰山得道欧阳妙应真仙神位，会龙乡信士江澜祀（青牛　摄影）

是希望欧阳真仙能为村庄和村民挡煞和聚财。

除清流大丰山的顺真道院、半山庵，以及官坊村外的脚下庵、下窠村的妙应宝殿，还有三元眷西阁、福东院、福兴庵、威灵殿、福兴殿、新灵祖殿，连城洪山、大龙的欧阳真仙庙，以及宁化石壁的欧阳庙、龙岩涧水洞、泉州惠山宫等，这些专门为崇祀欧阳真仙修建宫庙外，各地还有不少宫庙也供奉着欧阳真仙。如，宁化城关夫人庙。各宫庙内供奉的欧阳真仙神像大多为木雕端坐神像，高度多在 40—100 厘米之间。只在三元列西东

清流东林寺真仙像

连城县洪山村真仙像

宁化丰山祖师庙真仙像

三元列西东壁门真仙立像

永安闽山庵真仙像

三元福兴庙真仙像

（以上真仙像均由陈汝辉　摄影）

壁门发现一尊欧阳真仙立像，看上去像是近年所雕塑。欧阳真仙塑像在不同地方，其造型、服饰、肤色都有较大不同，在清流、永安、连城，欧阳真仙像基本上是面容清癯、黑脸长髯、神情庄严的道士形象。如大丰山顺真道院供奉的欧阳真仙的神像，高1米有余，黑脸、长髯、挽髻，双目如炬，端坐于神台之上。清流田口东林寺内供奉的欧阳真仙神像，为木雕坐像，高60余厘米，神态庄严，清朗俊美，吊眉凤目，长须枣面，面容慈祥，衣纹流畅，双龙盘附，祥云点缀，栩栩如生，突出表现欧阳真仙超然物外的特异，多方求证应为清末造像。永安罗坊闽山庵僧人前往大丰山朝拜时带回一尊欧阳真仙神像，于是在庵左侧建妙应仙宫祀奉，这尊木雕仙公坐像高50厘米左右，刀法干净细腻，形象传神，是一尊难得的珍贵雕像。往三元、沙县、宁化方向，欧阳真仙像不少是金身，身着官服，呈现出文官形象。按中国民俗，神仙类别的塑像多数可以披龙袍，这是否意味着当地的信众对欧阳真仙敬奉多了一份特别的情怀？

清流县

顺真道院 在清流县赖坊镇大丰山棋盘峰与香炉峰间的洼地处，又名顺真宫、顺贞道院，始建于宋宝祐六年（1258），主神欧阳真仙。依山修建，有上、下两殿，前低后高。上殿左边神龛主神欧阳真仙，正中神龛供奉玉皇大帝、元始天尊、道德天尊、灵宝天尊，右边神龛祀五谷真仙、观音菩萨、赵大元帅。神龛前站立文武二将把守。下殿二

大丰山顺真道院（林文斌 摄影）

层，上层有寮房数间，前有连通走廊。上殿左侧连接着沈氏宗祠，祀连城沈氏祖先沈侍郎冰洁公。新中国成立初期，曾有部队进驻道院。1968 年，罗坊溪源村火烧山致道院化为瓦砾。1981 年，赖坊、灵地等地信士捐资出力、助工助料，修复旧观。近年，永安道士李罗轩筹资开辟上山道路，汽车可直达顺真道院。道院内有早年香客留下的“真仙隐灵山千年降福，神光现大丰万民朝圣”“上得山求得仙求世世平顺，入到心拜到神拜代代安康”等墨迹。

半山庵 在清流县赖坊镇大丰山，距官坊村 15 里的山麓间，明万历年间琴源村沈氏族众创建，主祀欧阳真仙，祀五谷真仙、赵大元帅、观音、财神和官坊村始祖六郎公牌位。并供奉“游神”用欧阳真仙神像一尊，传祈雨极为灵验。古木森林，绿竹掩映，山涧潺潺，风景优美。1981 年重建，土木结构，有上、下殿及侧室。

大丰山半山庵（青牛　摄影）

脚下庵 又名仙源堂，始建于清咸丰年间（1851—1861），在清流县赖坊镇官坊村，祀欧阳真仙、神农氏等。1996 年，信众在其左侧增建佛寺仙源寺。

大丰山脚下庵（陈汝辉　摄影）

新福庵 旧名观音庵，在清流县赖坊镇赖武村，始建于清康熙二十六年（1687）。现新福庵为砖木结构，建筑面积 200 余平方米。内塑三宝、阿难、迦叶、文殊、普贤、观音、十八罗汉和弥勒、韦陀等佛像。二楼侧间供奉欧阳真仙。

新福庵（陈汝辉　摄影）

陈坊庵　原名兴福道观，又名灵山寺，在清流县赖坊镇东山陈坊村，始建于唐末。原址在陈坊小河边，屡建屡废，数次毁于洪灾。民国年间被洪水冲毁后长期荒芜。1991 年重建，历经五载落成上下殿堂，土木结构，左右各有侧殿。占地面积约 1200 平方米，建筑面积约 700 平方米。大殿内供奉如来、阿难、迦叶、观音、文殊、普贤、弥勒、韦陀、十八罗汉等。左侧殿供奉欧阳真仙、赵大元帅、真武祖师、五谷真仙等。每年农历三月三打醮。

陈坊庵（陈汝辉　摄影）

观音庵　在清流县赖坊镇姚家村牛岗背水口，始建于清初，侧边原有观音屋桥。重修后，增加三宝、大悲两殿。三宝殿内供奉三宝佛、玉皇大帝、关公、观音菩萨、救苦天尊。大悲殿内供奉观音、欧阳真仙等。

观音庵（陈汝辉　摄影）

西竹园 在清流县赖坊镇南山村，又名罗村庵，现称观音庵，始建于后唐，历代多有修葺。据康熙《清流县志》载，清康熙丁卯年（1687）僧奇木于此开创观音山静室，“松竹积翠，路径幽雅”，与域内龙吟、龙峰、龙华、鹤山、凤山、祇园、道人山、松林等静室，成为“一县九静室”文化奇观。明成化八年（1472）华亭举人邢旻任清流知县，作《题罗村庵诗》云：“小庵重结绮罗村，山削芙蓉紧封门。佛性有灵香不断，禅心无碍纳常温。隔窗绿竹添新笋，剥石苍苔没旧痕。风雨坐来浑渺渺，可堪钟鼓又黄昏。”旧志称：“奇木善诗，吟咏盈箧。”现庵内供奉欧阳真仙和释迦牟尼佛、观音菩萨等神像。庵左侧千年古庙九龙庙建筑精美、装饰华丽，古樟蓊郁如盖，祀九龙尊王夫妇。

西竹园（青牛　摄影）

灵福祠 在清流县赖坊镇官坊村溪尾，又称水尾庵，早于清光绪年间修建，现为官氏宗祠，上堂祀观音、欧阳真仙、黄公圣君、定光古佛、伏虎禅师、辟支古佛。下堂左廊祀五谷、土地，右廊祀民主尊王。祠产原有香灯田并庵前塘二口。

灵福祠（陈汝辉　摄影）

天霖宫 在清流县赖坊镇官坊村，是当地村民为纪念欧阳真仙，在其旧居故址上重建的仿客家民居建筑，有上下两厅，上厅主祀欧阳真仙，并供奉道教“三清”等塑像。

天霖宫（陈汝辉　摄影）

仙人岭　在清流县长校镇灵台山，因欧阳真仙曾云游至此的传说得名。明宪宗成化八年（1472），大连坑邹姓与长校李姓先祖合力在灵台山建造欧阳宫，祀欧阳、杨、罗、吴和五谷真仙。清光绪元年（1875）庵庙失火，腾空飞起一团火球落在庵前山丘，将山丘烧出一小块整齐空地，村人信以为是神灵自选其宫址，遂于此重建，称仙人岭，祀欧阳真仙、神农圣帝等。1984年，信众在老庵旁重修福源寺，有大雄宝殿、天王殿、僧舍、客堂等。

仙人岭（青牛　摄影）

醉峰庵　在清流县长校镇灵台山，始建于明，为当时著名道家禅院。裴应章、李世熊等名人曾慕名前来拜访，留有诗作。相传，欧阳真仙云游至此，被美景陶醉。清中，比丘悟明云游至灵台山，爱其山明水秀，决意在此修炼，重建醉峰庵。1982年，僧人入住重修醉峰庵并更名为翠峰寺，目前寺内仍供奉欧阳真仙，有东海千年神龟

翠峰寺（陈汝辉　摄影）

化石胜迹和“地沟出油”“百年山茶花”等传说。

龟湖寨 在清流县长校镇黄坑村后山，清咸丰十年（1860），里田人罗浩在此屯兵练武，自封寨王，并修建寺庙塑佛像，请僧人持供香火，称龟湖寨。20世纪80年代重建，为土木结构，有大雄宝殿、僧舍、厨房、膳厅等。寨右侧200多米处，早年建有一欧阳真仙庙。

龟湖寨（陈汝辉　摄影）

长校仙公庙 在清流县长校镇校溪水口，长校李氏大宗祠旁，依山傍水，环境清幽。2019年重修，建筑面积约30平方米。供奉欧阳真仙、观音菩萨、五谷真仙。其右侧有五谷庙、李氏大宗祠和永乐寺。

长校仙公庙（陈汝辉　摄影）

靛坑庵 在清流县长校镇黄石坑富尾村（富美）“龟蛇相会”处的三岔路口，始建于明洪武年间（1368—1398），原只安奉观音菩萨，几经修葺加祀欧阳真仙、五谷真仙。民国年间毁于洪水，旋即由极下村民捐资重修，为木结构建筑。1985年，因修筑富尾至

靛坑庵（陈汝辉　摄影）

水地峡公路拆除异址重建，仍供奉欧阳真仙、观音菩萨、五谷真仙。2015年该庵毁于“5·19”大洪灾，当年秋由富尾村民捐资重建，为钢筋混凝土结构，祀欧阳真仙、观音菩萨、五谷真仙。

悟真堂（陈汝辉　摄影）

悟真堂　在清流县长校镇黄石坑村，建于明崇祯年间，供奉欧阳真仙、罗仙、吴仙、真武祖师、观音菩萨。原址规模占地甚广，堂构恢宏，香火极旺。该堂靠后有一巨石，十分神奇，其下有穴，人称“石禾仓”，传太平军曾血洗黄石坑并藏宝于此，有偈云：“黄竹丛下，滴水岩下，悟出真意，财宝万贯。”百年间，吸引了无数人前来寻宝，始终不得要领。数年前，当地一村民悟得其意，才掘得大量宝藏。悟真堂在当地及周边乡村名气很大，有会龙乡（江坊）江氏信士于明成化年间敬请“丰山得道欧阳妙应真仙神座”石牌一块。现该堂仅存四柱三间瓦房，60余平方米。

极下仙公庙（陈汝辉　摄影）

极下仙公庙　在清流县长校镇黄石坑极下村（吉厦），始建于清，1982年重建，供奉观音菩萨、欧阳真仙、五谷真仙。

下窠仙公庙　在清流县龙津镇下窠村。因欧阳真仙灵感四方，下窠欧阳氏族人在其出生地阳坊老屋厅堂设坛祭祀。1992年，族人倡议修建欧阳真仙宝殿，择址下窠村口狮山下，当年农历十月初一落成，设大殿、偏殿、住

房、厨房等，占地面积600余平方米，为钢筋混凝土砖混结构。2006年冬重修，2007年11月11日举行开光典礼，村民议定每年农历正月二十五、十月初一为欧阳真仙庙会期。

下窠仙公庙（陈汝辉　摄影）

阳坊仙公庙　在清流县龙津镇下窠阳坊村，距下窠村里许。早年，下窠始祖欧阳万春迁居于此，繁衍生息，故名阳坊，现主要为罗姓人居住。该庙原为欧阳氏祖屋，明代木结构建筑，主体建筑约40平方米，传说为欧阳真仙出生地，屋内现供奉欧阳真仙神像一尊。目前，下窠欧阳氏族人每年仍要到此祭祖。

阳坊仙公庙（陈汝辉　摄影）

大路口水口庙　在清流县龙津镇大路口村水口，始建于清光绪十六年（1890），原为木结构小庙，2005年，因庵庙木柱腐朽，于原址重建，改为砖混结构，建筑面积约30平方米。供奉仙娘老母、赵大元帅、欧阳真仙等。

大路口水口庙（陈汝辉　摄影）

泰山仙公庙 在清流县余朋乡泰山村洋子墩。始建于明季，旧庙原在老村炭山，神主欧阳真仙，并祀观音、五谷真仙、泗州老佛、定光古佛及张公法主、马仙、吴仙、三佛神师等神佛。每年农历十月初二欧阳真仙庙会，正月十五五谷真仙庙会，周边数乡信众，云集朝拜。该庙曾在“文化大革命”期间被强拆，祭祀活动完全中止。1986 年泰山村民筹资修复，并恢复传统祭祀活动。2013 年 11 月，村老人协会倡议重建，改为钢筋混凝土结构，重檐歇山顶，金黄色琉璃瓦。

泰山仙公庙（陈汝辉　摄影）

龙吟静室 在清流县余朋乡东坑村高旗峰跃子山，清初顺治年间僧人是岸创建，俗称田寮寺。左侧曾有梦溪塔，为纪念公允、应化等高僧所建。清初，龙吟静室一度成为清流佛教文化交流和书院教育的引领者，高僧大德、文人雅士云集，为清流培养了一大批人才。民国后，龙吟静室佛事及教学式微，楼宇颓败，荒草萋萋。近年，当地民众鸠工庀材，将之修葺一新。一进二厅，左右各有横屋两直，木结构，歇山顶，前有莲花池二龙吐水。广台曲榭，灵动幽静，殿阁胜境，古朴庄严。正殿供奉大准提如来、九龙尊王、大黑圣母、虎威天女、天德圣母、是岸祖师、魁星，侧堂祀欧阳真仙。吴成伟先生为静室撰写楹联：“蔚起闽学荟萃清流倚灵峰而成化境，肇兴静室修来禅法是净土以立

东坑龙吟静室（红菇　摄影）

佛国。”

新丰庵（陈汝辉　摄影）

新丰庵　在清流县余朋乡余朋村，始建于元至治三年（1323），明成化九年（1473）重建。近年重修，供奉释迦牟尼佛、观音、定光、欧阳真仙、五谷真仙。

三仙宫（陈汝辉　摄影）

三仙宫　在清流县余朋乡梦溪新村，近年重修。主祀欧阳真仙和江公、朱公二圣、五谷真仙。

蛟坑五通庙（青牛　摄影）

蛟坑五通庙　在清流县余朋乡蛟坑村水口，临蛟溪而建，始于明末清初，2005年重修，歇山顶，大出檐，砖混结构，建筑面积约100平方米。神龛正中供奉五通神，左右千里眼、顺风耳，并奉欧阳真仙、五谷真仙、泗州菩萨、民主尊王等。庙左蛟龙阁供奉释迦牟尼佛、定光古佛、观音菩萨。正月初六至元宵节有龙灯会，俗称“迎灯会”习俗活动，每年正月二十二打醮。

铜锣庵　在清流县龙津镇横溪村马坪。始建于元代，九座山峰如莲瓣环抱，又称青峰庵。传欧阳真仙云游至此，为当地百姓消灾治病。邑人有诗赞叹：“林翳茏葱云蔽处，修行胜地铜锣庵。有求必应显神通，庇佑四方福泽长。”

茶神庙 在清流县嵩溪镇青溪村黄坊公路边，始建于明末清初。现庙仍于原址，砖混结构，建筑面积约60平方米。该庙原为当地杨氏村民为祀奉茶神杨太伯公，同祀欧阳真仙、五谷真仙。每年正月打清醮。相传，杨太伯公，江西抚州人，唐季至武夷山开山种茶，因勤于种茶、善于制茶，为人古道热肠，山人尊称其“太伯”，死后被奉祀为茶仙、茶神。青溪村民自明以来遍山种茶，至今仍保留大量古茶树。

茶神庙（青牛　摄影）

芹溪真武庙 在清流县温郊乡芹溪村下村，始建于清初，四柱抬梁，砖木结构，建筑面积40平方米。神龛上供奉真武祖师、定光古佛、伏虎禅师、欧阳真仙及二十四诸天等。左右原有五谷真仙、民主尊王神像被盗。每年农历六月初五庙会，全村以15户为一组轮流首福做醮，每隔一年去大丰山“取火”，次年去林畲仁寿峰进香。信众举着书写“神农帝主五谷妙应真仙前台”的旗幡前去“取火”，归来时将旗幡悬挂于芹溪壮穆神亭前上村亭内神龛上边。

芹溪真武庙（陈汝辉　摄影）

梧地仙公庙 在清流县温郊乡梧地村，始建于清，多次重修，供奉欧阳真仙、马氏仙娘等。

梧地仙公庙（陈汝辉 摄影）

福兴庵 在清流县温郊乡温家山村，始建于宋，1982年恢复重建，供奉如来佛、弥勒佛、观音菩萨、地藏王菩萨、定光古佛、泗州老佛、真武祖师、欧阳真仙、五谷真仙等。每年农历正月初六和六月初六，照例要建二堂常规清醮。

福兴庵（陈汝辉 摄影）

桥头庵 在清流县温郊乡小池村，始建于清，2008年重修，供奉欧阳真仙、定光古佛、泗州老佛、真武祖师、如来佛、五谷真仙、弥勒佛、地藏王菩萨等。每年正月十五打春祈醮。

桥头庵（陈汝辉 摄影）

雾露坑真武庙 在清流县温郊乡桐坑村雾露坑，建于明末，2008年重修。砖木结构，一进两厅中天井，白粉墙，琉璃瓦，悬山顶，建筑面积约90平方米。神龛位于正厅，供奉真武祖师、欧阳真仙、九龙尊王及其夫人。每年农历三月初三打醮，三月初二去大丰山或下窠“取火”，有的年份也去明溪胡坊取真武祖师的“香火”，本县同族王姓多有前往。

雾露坑真武庙（青牛 摄影）

灵龟山庵 在清流县李家乡长灌村南灵龟山，始建于元大德七年（1303）。灵龟山几乎四面环水，一峰耸峙，形似一龟蛰伏山间，又似一鲤鱼浮游于水中。灵龟山环境清幽，有联曰：“清鱼相会至灵山，连龙曲水落龟宫。”1997 年重建，一进两厅，砖木结构，供奉“三清”、欧阳赖罗“三仙”和关公。进出灵龟山庵只能从似龟颈的山脊上，一条宽约 1 米崎岖山路通行，路两边悬崖峭壁，惊险异常。庵内二池奇妙无比，两池相距仅 5 米，一池出水浑，一池出水清。一清一浊，人称太极阴阳池。早年有地方士绅萧干在此办私塾培养学生考中举人 2 人、秀才多人。民国二十九年（1940），地方士绅萧立平在此建中山堂，纪念孙中山先生。

灵龟山庵（红菇 摄影）

隐山庵 在清流县李家乡鲜水村，又名土楼庵，始建于明。传从前有僧人到此

隐山庵（陈汝辉 摄影）

讲经传教，发展教徒，并和当地乡绅召集民众募捐建成寺庙。20 世纪 80 年代重建，为土木结构，建筑面积 500 余平方米。殿内供奉三宝佛、观音菩萨、欧阳真仙。

岭下庵 在清流县李家乡长灌村头，土木结构，占地面积 1300 平方米，有上下两殿。上殿始建于唐末宋初，供奉真武大帝、太上老君、五谷真仙、张天师、王元帅、赵大元帅、天上圣母、欧阳真仙、观音菩萨等。下殿始建于清乾隆十八年（1753），祀李公太保、兴福公主、萧瑀等。每年正月举办游神庙会。

岭下庵（青牛 摄影）

铜地岩 现名金山寺，在清流县李家乡至长灌村公路的半道峡谷中，背山临水，始建于明末，清乾隆九年（1744）重修，民国二十九年（1940）毁于火，1986 年重建，土木结构，建筑面积 240 余平方米。供奉三宝、阿难、迦叶、观音、文殊、普贤、弥勒、韦陀、欧阳真仙、五谷真仙等神佛。

铜地岩（青牛 摄影）

浮桥新庙 在清流县李家乡河背村文川河左岸原船冈渡口一侧，有镇武祖师和欧阳真仙两殿。相传，李氏先祖于李家寮建九清宫供奉镇武祖师，因每年正月村民都要恭迎九清宫的镇武祖师神像至河背“游神”，神至古渡口久久不去，于是在文川河左岸船冈渡口建镇武庙供奉镇武祖师，以保佑过渡行人安全。清道光甲午十四年（1834），扩建镇武庙，增祀欧阳真仙、李公太保、五谷真仙等，改称浮桥新庙。每年农历七月十二至十五日打醮，有“送瘟船”习俗沿袭至今。

浮桥新庙（红菇　摄影）

灵山庵　在清流县李家乡早禾排村，俗呼欧阳真仙庙。1990 年重修，供奉欧阳、罗、赖“三仙”和观音菩萨、五谷真仙等。每年农历九月间打醮，正月有举行“游神”活动。

灵山庵（陈汝辉　摄影）

妙感宫　在清流县李家乡吴家村，又名吴家庵，始建于明，主祀欧阳真仙、罗仙，并供奉观音菩萨、定光古佛、伏虎禅师、赵大元帅、五谷真仙、关公、民主尊王、姑婆母等。每隔三年，在农历十月十三至十五日打一次醮。醮中，村民自发组织开展的“送瘟船”习俗活动，场面十分壮观。每年正月十三至十五日有“游神”“游大龙”等习俗活

妙感宫（陈汝辉　摄影）

动。

崎坑庵（陈汝辉　摄影）

崎坑庵　在清流县李家乡长灌村，始建于清。供奉欧阳、罗、赖“三仙”，右侧设观音殿。每年农历四月初八、九月十九打醮。

清净寺（陈汝辉　摄影）

清净寺　又名古凤山，在清流县李家乡古坑村刺塘板，1989年10月重修，供奉欧阳真仙、罗仙、赖仙、五谷真仙、玉皇大帝、观音和释迦牟尼、地藏、弥勒等神佛。

古神庙　原名清水庵，在清流县李家乡古坑、流水、罗坑三村交界处X793县道旁，近年重建。供奉欧阳真仙、姑婆妈祖、玉皇大帝和如来佛、十八罗汉等神佛。

崇祯观　在清流县里田乡卢水村，始建于明崇祯年间，故名。“文化

古神庙（陈汝辉　摄影）

崇祯观（陈汝辉　摄影）

大革命”期间宫庙被毁。1980 年重建，为土木结构，建筑面积约 400 平方米，占地面积 3000 余平方米。大殿供奉三宝如来佛、观音菩萨，左侧殿堂供奉欧阳真仙。

普济堂 现名东林寺，在清流县田源乡田口村，始建于清康熙十年（1671），供奉欧阳真仙。历经数次修葺，现旧殿仍为民国年间所建。近年重修大雄宝殿、放生池、斋堂、僧舍等。在大殿右侧供奉欧阳真仙。

普济堂（陈汝辉 摄影）

东山庵 在清流县田源乡田源村，现名新山寺，始建于明，为佛道合一宗教活动场所。1988 年重建灵宝殿，正中供奉观音菩萨、欧阳真仙、五谷真仙，右玉帝、王母，左地藏王菩萨。2013 年重建大雄宝殿，供奉三宝佛等。

东山庵（陈汝辉 摄影）

寨上庵 又名西丰山，在清流县嵩口镇梓材村木南青河背，距村 5 里许，崇山峻岭，林木葱郁。民国年间，清流城关每年农历四五月间打仙公醮，都要遣人

寨上庵（陈汝辉 摄影）

前往大丰山迎请阳仙公神像进城，途中必在此地歇脚过夜。故早年有人于此创建草庵，塑欧阳真仙像祀奉，为别于大丰山，有小丰山之称，名西丰山。民国二十八年（1939），村民捐资修建庵庙供奉欧阳真仙，现基本荒废，神像暂存于梓材村木南祖祠内。

西灵寺 旧名大荫山，在清流县嵩口镇大元村，始建于明洪武年间，后经多次修葺，殿内供奉三宝如来、阿难、迦叶、观音、地藏、弥勒、韦陀等。近年，住寺僧专辟一殿祀奉欧阳真仙。

西灵寺（陈汝辉 摄影）

嵩溪五显庙 即五通庙，在清流县嵩溪镇农科村墟坪巷观音桥头，泗州庙、行宫庙并连其右，钢混结构，建筑面积共约100平方米。五显庙神龛正中祀欧阳仙，左五通尊王、右华光尊王。门联曰：“五显神通施雨泽，六坊黎庶尽沾恩。”泗州庙神龛中祀观音老母、左泗州老佛、右定光古佛。行宫庙神龛由左往右依次祀关公老爷、财神菩萨、五谷真仙、地母娘娘、圣母娘娘。每年农历九月二十五日到二十九日，嵩溪村民举办传统庙会（灯会）活动，五显庙内的欧阳真仙照例要参与游神活动。

嵩溪五显庙（青牛 摄影）

青口仙公庙 在清流县嵩溪镇青口村，悬山顶、封火墙，一进两厅中天井，左右建有附属设施。该村村民大部分姓欧阳，系从下窠派衍，故该庙亦有祖祠的功能。相传，欧阳真仙小时候曾在青口村短住，正月元宵节和农历八月二十四日为青口村庙会，有打仙公醮。

青口仙公庙（陈汝辉　摄影）

青口五通庙　在清流县嵩溪镇青山村青口，始建于元，主神为五通神兄弟之三显正，并祀欧阳真仙、五谷真仙等神明。该庙近年多次重修，砖木结构，歇山顶，一进两厅，前厅有左右厢房，占地面积300多平方米。每年农历九月，青口五通庙照例要与周边其他四座五通庙联合举办庙会“游神”活动。

青口五通庙（陈汝辉　摄影）

高城庵　在清流县嵩溪镇高地余坊、阳坊两村间，周遭平畴沃野，风光秀丽，别有意趣。始建于南宋乾道四年（1168），明正德十五年（1520）立牌高峰贤院，一度为当地著名书院。20世纪六七十年代，曾作为村小学。1994年重建，土木结构，有上下两殿、左右两厢。正厅供奉三宝、文殊、普贤、弥勒、观音、韦陀、十八罗汉等。右厅供奉欧阳真仙。

高城庵（陈汝辉　摄影）

福潭庵 又称福潭寺，现名福慧寺。在清流县灵地镇姚坊村头，始建于清道光年间，起初主祀欧阳真仙。1986年在原址扩建，主殿现供奉释迦牟尼、观音、地藏、定光古佛、弥勒、韦陀等。主殿左侧神龛仍保留崇祀欧阳真仙、五谷真仙、观音菩萨。

福潭庵（陈汝辉　摄影）

元仙庵 在清流县灵地镇姚坊村江头，又名养正堂。“文化大革命”中被毁，20世纪90年代初重建。该庵为一进两厅，中有天井，上厅祀主神欧阳真仙、赵大元帅、五谷真仙、李公太保、地藏、观音等，两厢为书院。养正堂原为清代私塾，历来有供奉欧阳真仙。有联曰：“养心莫过寡欲，正气无如读书。”

元仙庵（陈汝辉　摄影）

灵圣宫 在清流县灵地镇灵地村灵宝山，始建于清。供奉道教“三清”、玉皇大帝、王母娘娘、天上圣母、七仙女、欧阳真仙、罗仙、赖仙、定光古佛、五谷真仙、药王菩萨、地母和四大天王等。宫里每年都组织

灵圣宫（陈汝辉　摄影）

信众去大丰山朝拜。

宫山寺（陈汝辉　摄影）

宫山寺　在清流县灵地镇灵地村老土楼右侧，2006年重修，一进两厅，民居风格，供奉欧阳真仙、玉皇大帝、太上老君、王母、梨山老母、七仙女。

山下园（陈汝辉　摄影）

山下园　在清流县灵地镇吉龙村中湖的赵氏祖屋内，1963年重建，供奉观音、欧阳真仙、五谷真仙、赵公明。赵氏祖屋占地甚广，建筑面积约2000平方米，三厅两井，左右横屋。在吉龙村的上湖老屋内，也有供奉欧阳真仙、五谷真仙。从前，吉龙村每年正月期间都有举办传统游神祈福保平安民俗活动。

仙公庙（陈汝辉　摄影）

仙公庙　在清流县灵地镇灵地村铜锣形（为当地一地名），松间一小楹，20世纪90年代邑民集资修建，主神罗仙，同祀欧阳真仙、赖仙、五谷真仙、“三清”、玉帝、王母、七仙女、四乡高真、李公太保、财神等。

三姐庵　在清流县沙芜乡上坪村，供奉欧阳真仙、三姐、田螺菩萨。原址1992年毁于洪灾，仅剩残墙一堵，神像存于罗口庵内。

广上庵 旧名菩提庵，在清流县灵地镇东，背负高峰，面对丰山，山环水绕，树木茂密。供奉三宝佛、观音、地藏、欧阳真仙等。今废。邑廪生黄菊华避乱于斯作诗云："山寇猖狂历数年，不知何处是安全？神人指我菩提处，到此方知别有天。"

白云岩 在清流县沙芜乡洞口村大岭上，亦称白云岩庵、白云岩洞。据道光《清流县志》称："白云岩在梦溪里矶头大岭上，望见岩形如屋。明初江道人修炼于此，人迹罕至，久之唯见白云常罩其顶。乡人以为异，往视，则道人已趺坐而化，颜色俨然如生，即其全躯结宇祀之。崇祯八年（1635）火，九年知县邓应韬重建。"传江道人为漳州人氏。1995年重修，供奉江仙、朱仙、欧阳真仙等。

白云岩（陈汝辉　摄影）

罗口庵 在清流县沙芜乡上坪村李家湾。始建于南宋，2008年异址重建，2010年竣工。供奉民主尊王、欧阳真仙、观音菩萨、真武祖师、九龙尊王夫妇。每年农历九月十五日打醮。

罗口庵（陈汝辉　摄影）

罗仙庙 在清流县田源乡田源村寨背岭，始建于明朝末年，坐西朝东，占地面积仅20余平方米，木瓦结构敞口平房，正中神龛祀欧阳真仙。

永安市

望仙庵　在永安市罗坊乡罗坊村，又名仙源堂，始建于南宋末年，主供欧阳真仙，从大丰山顺真宫分灵。1995年由村民集资重建，有前后两堂及附属设施，砖木结构，建筑面积270余平方米。庵内还供奉真武祖师、五谷真仙、观音菩萨、地藏王菩萨等。

望仙庵（陈汝辉　摄影）

闽山庵　现为闽山寺，在永安市罗坊乡吴坊村，宋绍兴年间（1131—1162）有黄姓者于此修炼得道，元大德五年（1301）乡人建庙祀之。相传庵内有一窍，深不可测，人或以纸覆其口，辄飞去。论者谓地气所冲，理或然也。1920年，该庙被辟为“闽山新学堂”，培养了一批新学人才。1998年重修，有山门、大雄宝殿、僧房、斋堂等，占地460平方米，为佛道合一庵庙。大殿正中供奉西方三圣，两侧分别供奉黄公圣君和达摩祖师，后排两侧分别供奉文殊、普贤、观音、地藏菩萨。2003年，住寺僧在大殿左侧建妙应仙宫，崇祀欧阳真仙。宫内有一尊体积较小的木雕仙公像，高约60厘米，长髯彤脸，云龙青袍，正襟

闽山庵（陈汝辉　摄影）

危坐，为寺僧释谛元早年在大丰山修行时，于顺真道院前面的化身岩中偶然掘得，带回闽山寺中供奉。近年，闽山寺每年都举办祭祀黄公圣君和欧阳真仙的民俗活动。

崇头庵 又名崇山祖殿，在永安市小陶镇圳头村，始建于清康熙十七年（1678），供奉黄公圣君、张公圣君、欧阳真仙、定光古佛。相传，欧阳真仙得道之前曾在此修炼。崇山祖殿历经 300 多年风雨，殿堂结构至今基本保存完整。祖殿为木结构悬山顶，以抬梁辅以穿斗式木架构支撑屋面。一进两厅，左右两庑，建筑面积 160 余平方米。后堂为大殿，六柱三开。大殿四根木柱粗大，藻井精巧华丽。殿间天井，植有一株侧柏。左侧横屋屋顶略低于正殿，面积约 60 平方米。

崇头庵（陈汝辉 摄影）

灵溪古寺 在永安市罗坊乡溪源村外，始建于北宋时期。砖木结构，一进二厅，中有天井，左右两边厢房。正厅供奉观音，前厅供奉弥勒、韦陀。2017 重修时，移奉欧阳真仙神像于侧殿。每年农历二月十九日、九月十九日打醮。

灵溪古寺（陈汝辉 摄影）

盘兰仙殿 在永安市罗坊乡盘兰村盘兰寨顶。盘兰之山，自大丰山分脉，逶迤而至。高山相望，绝无宽平之地。仙殿与钟氏祖祠紧邻，主祀神欧阳真仙分灵于大丰山，五谷真仙分灵于清流林畲仁寿峰，赵大元帅分灵于江西龙虎山。“文化大革命”期间破“四旧”，盘兰村民所有祭祀活动停止，至20世纪90年代初重启。每年打仙公醮时间没有明确规定，多于农历七月进行，一般三天两夜。打完本年仙公醮后，要由道士打筊“问询”仙公，确定来年打仙公醮的具体时间。

盘兰仙殿（陈汝辉　摄影）

北极宫　在永安市罗坊乡掩桑村，始建于明朝末年。2018年11月重建，建筑面积400余平方米，钢筋混凝土结构，一进两厅，当中重檐歇山顶。宫内供奉真武祖师、欧阳真仙、五谷真仙。每年农历十月、十一月间打醮。

北极宫（陈春雅　供图）

九位白云宫　在永安市安砂镇新建村。永安安砂水西坑村与清流沙芜乡洞口村相邻，两村百姓世代信奉江公圣君、朱公圣君、天宝娘娘、欧阳真仙、玉皇大帝、观音菩萨、五谷真仙等神

九位白云宫（陈汝辉　摄影）

祇，早年他们曾合力在清流沙芜洞口村修建白云岩洞庙，共同崇祀欧阳真仙、江公圣君等。1971 年建设安砂水电站，水西坑村整体迁移到新建村落户。1999 年，新建村青龙尾九位白云宫建成，雕塑了十几尊神像，其中欧阳真仙的香火仍然分灵于沙芜洞口白云岩庙。每年正月二十四和农历八月十八日，九位白云宫都要举办打醮活动。

永兴寺　在永安市小陶镇石峰村庵岭，始建于宋，原称永兴庵，庵内供奉观音菩萨、洪公圣君、欧阳真仙、张公圣君、黄公圣君、定光古佛，以及北极玄天真武、千里眼、顺风耳等神佛。清末，该庵曾经毁于太平军一把火，但神像被信众藏匿起来。2014 年正月，石峰村民将保存于家中的神像搬出来供奉并举办庙会活动，倡议信众捐款重建永兴寺。2016 年冬起，在全国各地网友的资助下，永兴寺大雄宝殿、永兴祖殿、神农殿和有关附属设施相继建成。新殿为砖木结构，前后两殿，左右护屋，当中重檐歇山顶。2018 年，永兴寺举办隆重开光活动。因绝大多数善款来自网友，故永兴寺有“中华网友第一庙”之称。

永兴庵（黄光棉　供图）

兴宝殿　在永安市小陶镇牛益村水口，始建于清。1997 年重修，一进两厅、土木合院式结构，供奉黄公圣君、观音菩萨、欧阳真仙、定光古佛、伏虎禅师、

兴宝殿（陈汝辉　摄影）

黄公恩祖、马氏真仙、五仙娘、张公法祖、五谷真仙等。该殿还并祀永安、宁洋二县的城隍神。每年正月或诸神生日纪念，村民都要举行酬神庙会，世代相传。

福兴庵（陈汝辉　摄影）

福兴庵　在永安市曹远镇汶一村，始建于清乾隆四十二年（1777），民国三年（1914）重修，最近一次重修在1992年秋。粉墙青瓦，起脊翘角。砖木结构，古朴简约。歇山顶，大出檐。供奉三宝、观音菩萨、定光古佛、伏虎禅师、九天玄女、五谷真仙、太保尊王，以及张公、洪公、黄公、饶公四位圣君等，左右配殿真武大帝和伽蓝。庵左小木屋内祀欧阳真仙，香火分灵于清流大丰山顺真宫，每年正月都要打三天两夜的仙公醮。有《敬欧阳真仙》藏头诗一首：“丰公铭记人心间，山斗屹立耸云天，得成正果登上界，道地庇佑万民先，欧显英灵临斯里，阳阴同享太平季，真诚祈求必有应，仙恩德泽广无边。”

连城县

老盈山（陈汝辉　摄影）

盈山庵　又名登真宫、老盈山，在连城县塘前乡张地村老盈山，始建于南宋咸淳年间（1265—1274）。传罗真人于此修炼成仙，乡人祀之，灵异差拟丰山欧阳真仙，为罗仙的道场。老盈山

有新、旧两宫，老宫背倚北斗峰，坐北朝南，旧址依稀可见。合院式上下殿，木石结构，悬山顶，上覆朱红琉璃瓦，形制与大丰山顺真道院大同小异。上殿中祀罗仙，左欧阳真仙、右赖仙，并奉玉皇大帝、太上老君、五谷真仙、观音、地母等，下殿奉真武祖师，左右千里眼、顺风耳。联曰：风清洞府开造化之仙基，云霭盈山建登真之福地。目前，登真宫每年农历五月都要组织人员去大丰山“取火”，农历七月要打欧阳真仙醮，农历九月打赖仙醮，农历十月打罗仙醮（传说罗仙生日农历十月十五日子时）。每年农历七月初一，张地、罗地村民多前来朝山，参加庙会活动。

员峰山 又称云峰仙宫，在连城县姑田镇大洋地员峰山，为赖仙的道场。始建于明，近年有重修。宫内供奉欧阳、罗、赖“三仙”。据说，赖仙公像原是一尊三尺三高的石雕坐像，受享香火几百年。“文化大革命”期间破“四旧”被人滚落深山中，至今未寻回。每年正月和农历十一月十七至十九日打仙公醮（传说赖仙生日农历十一月十八日子时），信众多要在此建醮，崇祀“三仙”。相传，赖仙公，名玄，又名玄子，塘前罗地人，幼时母子二人相依为命，自6岁起入山砍柴，将砍来的柴存积一处，嘱其母不能烧。其母做饭有时趁他不在，暗中抽烧一根，但玄子都会知道。其母多次被责后就不再动他的柴薪。至玄子13岁时，所积柴薪已堆作一塔，玄子便坐在柴上点火自焚。火烟起处，只见“玄子”骑着一头白鹿，腾云驾雾往洋地方向去，路见姑田赶集回来的村人，玄子寄语禀告其母亲勿思念，“吾已得道成仙矣”。赖母与众人寻至员峰山时，已经夜幕降临，只见面前一通红亮，不

员峰山（陈汝辉　摄影）

见白鹿。次日早，众人只发现地上留有白鹿脚印，确信玄子已羽化成仙，便在山中筑起宫殿奉祀赖仙。

云霄岩 又名蜘蛛岩，在连城县塘前乡迪坑村。“石山萃嵂，形如匹马”，明季村民江应海凿径筑寨，避乱于兹。云霄岩素以险峻、奇异、幽邃、深秀著称，其上有云霄洞，洞顶分布十多个同心圆形的凹坑，其纹如蜘蛛网状，故当地人又称之为蜘蛛岩。其上有天然石洞，洞中祀观音大士，并供奉欧阳真仙、赖公真仙、罗公真仙之神位，号三仙观。1982年，当地人在观音洞的山后，依山势修建贵灵山道观，有上下殿，上殿供奉“三仙”神像，中为欧阳真仙，香火从大丰山分灵，左罗仙、右赖仙。有联：“朝拜三仙临胜境，攀登千嶂览奇观。”每年农历七月初七到初九，道观要打阳仙公醮。道观下面还有一小庵，同样供奉“三仙”神像，每年大年初一到村里打醮游神抬的神像正是小庵中的这三尊神像。

云霄岩（陈汝辉　摄影）

仙灵庵 在连城县塘前乡迪坑村水口。翠竹掩映，古树蓊郁。小庵靠山临水，交通便利，双檐翘角，气宇不凡。建筑面积约20平方米，内设一排神龛，供奉欧阳、赖、罗“三仙”，左右分别张贴观世音、地藏王菩萨神位，四时香火不绝。每年农历正月间、七月上旬打仙公醮，村民都要

仙灵庵（青牛　摄影）

“抬菩萨”游村，保境安民。

坤灵宫 又称席湖营、圆应庵，在连城县文亨镇胡峰村尖峰山石头坑，离村8千米，重建于1983年。该宫为合院式建筑，砖木结构，有上下殿，正殿前神坛祀玉皇大帝，左右千里眼、顺风耳；后神坛中祀元始天尊、灵宝天尊、太上老君，右祀地母、五谷真仙，左祀观音菩萨。左偏殿中祀欧阳真仙，左罗仙、右赖仙，右偏殿祀镇武祖师、财神等。全宫占地面积约2500平方米，建筑面积约2000平方米，并建“南天门”遥遥相望。周边还建有四大天王殿、观音殿、地藏王殿、天宫古井庙等建筑。

坤灵宫（陈汝辉　摄影）

西宝宫 在连城县文亨镇田心村，宋淳熙年间始创佛庐于岩下，倚山而筑，石木结构，今由文亨田心村谢、黄两姓共同建于20世纪80年代。三殿一字并行排列，合式院落，占地面积约1000平方米，建筑面积600余平方米。主殿西宝大殿正中供奉神农帝王、药王祖师、五谷真仙，左祀太上老君，右祀欧阳真仙、罗仙、赖仙。左偏殿祀八仙，右偏殿祀观音。每年农历九月初七至初九打仙公醮，由田心村谢、黄两姓理事会轮流筹办。

西宝宫（陈汝辉　摄影）

灵芝庵 在连城县冠豸山灵芝峰下，由五老峰折向北，行至半山处，主祀观音菩萨，为净土禅院。相传欧阳真仙曾在此炼丹。冠豸山与武夷山同属丹霞地貌，素有“北夷南豸，丹霞双绝”之誉，集山、水、岩、洞、泉、寺、园于一身，拥有山奇、水秀、谷幽、岩穴迷离之神秀。有诗云：“石现灵芝结一庵，凌霄古树竹毵毵。僧敲月转钟惊谷，客带烟回鸟度岚。”

灵芝庵（古中兰　摄影）

欧阳真仙庙　在连城县莲峰镇洪山村，2005年，为方便信众建醮祀奉欧阳真仙，洪山村林、李两姓村民倡议集资建真仙庙，专奉欧阳真仙。庙内设村老年人活动中心。

欧阳真仙庙（陈汝辉　摄影）

天后宫　在连城县文亨镇田心村，始建于清康熙三十九年（1700），宫内供奉的神像众多，其中有欧阳真仙。

太星庵　又名小地庵，在连城县揭乐乡小地村，合院式建筑，有上下殿。上殿中祀欧阳真仙，左右分别为罗仙、赖仙、泗州老佛、定

太星庵（陈汝辉　摄影）

光古佛、五谷真仙、观音菩萨、太上老君。上殿前台供奉玉皇大帝，左右有千里眼、顺风耳。前殿供奉真武祖师，四大天王护持。侧厅左右分别供奉释迦牟尼佛、地藏王菩萨。偏殿供王母、玉帝。

狮子岩　在连城县揭乐乡布地村一天然岩洞内，鸟鸣幽径，泉水叮咚，洞窟面积约200平方米，供欧阳、罗、赖“三仙”，以及五谷真仙、定光古佛、泗州老佛、太上老君、观音菩萨“五位公王”。揭乐自清朝年间就有传统正月庙会，延续至今，庄严而隆重。每年正月十一庙会期间有彩旗执事、锣鼓十番、舞狮、古事、装顶马、招五位公王神像出游，穿街走巷，各户村民燃放鞭炮恭迎神明，祈求全家平安顺遂，来年风调雨顺，国泰民安。庙会期间多有请古装戏剧表演，有的年头还请两戏班唱对台，场面十分热闹。是时，好客热情的揭乐村民多会借举办庙会之机，邀请亲朋好友来家里做客，加深亲情友谊。

狮子岩（青牛　摄影）

基祖庙　又名鸡仔庙，在连城县文亨镇屋场路49号。传北宋太平兴国年间（976—984），连城坑子堡罗氏始祖太郎公担鸡蛋从南平至连城，途经文亨文陂上村时，所担鸡蛋孵出鸡仔，故决定在此开山立基。为纪念上祖，其后裔于1995年在文陂上村圆丁山创建鸡仔庙。后于2013年扩

基祖庙（陈汝辉　摄影）

建千手观音殿、地藏王殿，砖混结构，占地面积5000平方米，建筑面积2100平方米，并设戏台1处。有联："千峰拱秀丁财旺，九曲潺湲富贵长。"基祖庙主殿祀玉皇大帝，同祀欧阳真仙、罗仙、赖仙、财神爷、五谷真仙，左殿祀秦广地王，右殿祀地母娘娘。

九龙观 创建于南宋绍兴十三年（1143），旧名九龙庵，在连城县揭乐乡吕屋村松山下九龙湖路旁，面对风景秀丽的竹安寨景区，原有上、下两殿，1979年因云景公路建设下殿被拆除。2000年冬，村人集议在原松山下择址重建，供奉太上老君、欧阳真仙、罗仙、赖仙，以及赵公财神、定光古佛、神农帝王等。每年打三次醮，分别于正月初九、农历四月十八日和十一月十一日。每年农历七月十三，信众要在观内为欧阳真仙诵经一日。

九龙观（陈汝辉　摄影）

龙归桥庵 在连城县姑田镇下余村上坪水口处，始建于明，迄今600余年历史。2004年重修。该庵为砖木结构，飞檐翘角，建筑精巧，面积仅30余平方米，供奉马氏仙娘、欧阳真仙、黄公圣君。有联曰："福地咸沾三圣泽，神光普照万民恩。"每年农历九、十月间，庵理事会要组织人员去大丰山进香"取火"，回庵请道士念经打仙公醮。

龙归桥庵（陈汝辉　摄影）

大龙山欧阳真仙庵 在连城县姑田镇上余村后菜洋路，距清流大丰山约15千米。2013年上余村原岚溪庙并入重建，面积约120平方米，砖木结构，主殿重檐歇山顶，供奉欧阳真仙、马氏仙娘、黄公圣君。该庵信众来源广泛，覆盖永安罗坊桥头、溪源、盘兰，及连城姑田上余、下余等15个村落。每年农历十月十七日信众要去大丰山朝山“取火”，十九日打仙公醮。

大龙山欧阳真仙庵（陈汝辉 摄影）

城隍庙 又称天后宫、夫人庙，在连城县莲峰镇吴坊路，始建于民国时期，20世纪80年代初重建，2017年再次修建，建筑面积约500平方米。城隍庙正殿中祀天后，左祀欧阳真仙、罗仙、赖仙和五谷真仙，右祀陈、林、李三位夫人。左殿供奉城隍老爷，左右文武将军。右殿供奉观音、救苦天尊和齐天大圣孙悟空。该庙还同时供奉财神爷、镇武祖师、地母娘娘等十余尊神像。

城隍庙（陈汝辉 摄影）

明胜庵 在连城县揭乐乡黄坊村，占地面积约800平方米，祀欧阳真仙、罗仙、赖仙、定光古佛、镇武祖师、太上老君、助国夫人、太乙真人、观音、猴王、地藏王、九龙尊王、千手观音、千里眼、顺风耳、五谷真仙等。

云仙庵 在连城县揭乐乡揭乐村冠豸山风景区竹安寨前山上，始建于明。初为五谷真仙庙，曾被太平军烧毁。1984 年，当地村民集资重建，改名云仙庵，为砖混合院式建筑，供奉五谷真仙、闾山老母、玉皇大帝、欧阳真仙、罗仙、赖仙，及陈、林、李三位夫人和救苦天尊、观音菩萨等。该庵背靠连城县马头山岩，面前田畴万顷，视野所及，阡陌交错。

云仙庵（青牛　摄影）

马磜八仙观　在连城县曲溪乡华坑路状元峰前，2012 年迁建于此，建筑面积 800 余平方米，四直间并列，主祀道教八仙，同祀欧阳真仙，并供奉玉皇大帝、五谷真仙、太上老君、华光大帝等。每年农历三月二十六日打醮。

马磜八仙观（陈汝辉　摄影）

欧阳真仙殿　在连城冠豸山景区内，为连城沈氏宗祠。一楼为沈氏宗祠，奉沈氏始祖冰洁公。二楼为欧阳真仙殿，主祀欧阳真仙，左右文武二将。一楼有联曰："冰清玉洁彪炳吴兴传世泽，义结欧阳金兰万载贵延绵。"二楼外联："欧阳妙应得道丰山，士庶景仰祈祷

欧阳真仙殿（陈汝辉　摄影）

必祥。”内联：“欧仙传道果因不昧，阳真法界福慧无疆。”另联：“得道丰山士庶景仰千人朝拜沐欧阳，友契鼻祖义薄云天万年香火酬妙应。”

旗石寨 在连城县城东南约3千米莲峰镇江坊村，始建于明。因石崖拔地而起，丘壑相间，远望如旌旗招展，折叠自然，名“旗石峰”，庵为“旗峰寨”。石寨为土木结构，一进两厅，左右厢房，建筑面积约200平方米。正堂供奉玉皇大帝、太上老君、欧阳真仙、五谷真仙、观音菩萨，以及财神、地母、散财童子等。每年正月初六建醮，诸神共祀。

旗石寨（青牛 摄影）

西山院 在连城县林坊乡西山绝顶，又称广福堂、西山庵。背靠西山，前俯连城县城关。西山院初为杜、陈二仙道场，有“西山显应招百福，杜陈四佑集千祥”之说。据《连城县志》记载，杜、陈二真人，唐贞元（785—805）时寓林坊村，修炼于西山绝顶林深罕至，不火食四十五春。一日遇东华君，飘然羽化。至宋初，邑民建广福堂于西山，以栖其灵。自唐历今，法身犹存。或雨旸愆期，灾祲间作叩祷，神应如响。院内遗有化石仙迹并存有清乾隆年间石香炉一只。该院坐西南朝东北，2019年重修。大门向西，庭院式建筑，中间建有一亭，砖木结构，左右两庑设为偏殿，建筑面积约300平方米。正厅供奉玉帝、王母、地母、欧阳真仙、太上老

西山院（青牛 摄影）

君、金童玉女、五谷真仙、真武祖师、吉祥菩萨、送子观音等。左厢供奉救苦天尊（地藏）、千手观音、如来三宝、无量天尊、南极仙翁等。右厢为生活区。每年正月初九打玉帝醮，众神同醮。

古峰山　在连城县四堡镇黄坑村仙崇上，由雪峰寺上行约5千米，又称仙庵、赖仙庵。始建年代不详，清雍正三年（1725）曾重修。古峰山属鳌峰山麓南段，海拔1300米，从庙前远望，群山起伏，绵延不绝，隐约可见清流、连城、长汀诸村。现主殿为石砌小屋，坐东南朝西北，主神为欧阳、罗、赖“三仙”，中为赖仙，左欧阳真仙、右罗仙。左右两偏殿分别供奉五谷真仙和财神、关公。每年打醮四次，分别是农历二月初九打罗仙醮、五月二十五日打五谷真仙醮、七月十三日打欧阳真仙醮、九月初一打赖仙醮。

古峰山（陈汝辉　摄影）

雪峰寺　在连城县四堡镇黄坑村204省道旁，依山而建，树木丛阴，殿阁屹然，楼台亭榭，飞檐翘角，古朴庄严，已然胜境。1984年，黄坑信众又于雪峰寺左旁建一小庵，供奉欧阳真仙、赖仙、五谷真仙、邹公。

雪峰寺（陈汝辉　摄影）

宁化县

狮子峰（陈汝辉　摄影）

狮子峰　在宁化县石壁镇官坑村后山顶，始建于唐大顺二年（891），因山形如望天狮子，故名。有上、中、下三殿。上殿攒尖顶，供奉玉皇大帝、观音、欧阳真仙祖师。每年夏季，周边信众自发组织起来，担香案、擎幡盖、敲锣鼓，浩浩荡荡向东华山、升仙台、狮子峰进香，称“保禾苗”或“朝三山”，祈祷农业生产顺利、五谷丰登。

欧阳庙中道人为信众解签（青牛　摄影）

欧阳庙　在宁化县石壁镇江头村，始建于明崇祯年间，迄今有近400年历史，主祀欧阳真仙、观音。供奉欧阳真仙神像和牌位，对外宣称丰山祖师庙。传说，江头村张姓先祖华玑公是做生意的，有一回途经大丰山，顺便去拜谒欧阳真仙，见道院内香火冷清，神像蒙满灰尘，心生爱怜，便掷筊问真仙可否随他去桃溪村（即江头村）接受香火供奉，得到“允准”。于是将神像挑回村建庙崇祀。该庙历来香火旺盛，有联曰：“仙庙慈风千古秀，祖师显灵佑万民。”当地及周边信众，凡嫁娶、生日、安门、念经、出殡、祭祀等要“择日子”，多到此间“问询”丰山祖师。每年正月十五和农历七月十五、十月十五都要打醮、游神，从未间断。

丰山祖师庙 在宁化县石壁镇江头村内，与欧阳庙相向而对，中间仅隔一池塘。祀奉丰山祖师、定光古佛、伏虎禅师、观音菩萨、财神等。有联曰：“祖师神通佑民众，观音甘露沐群生。”来此朝拜信众还有自赣州、石城、瑞金等地。

丰山祖师庙（陈汝辉 摄影）

大觉寺 在宁化县石壁镇南田村。1999 年村民在原址上重建，为砖木结构，一字形横屋，白墙黑瓦，坐西向东，背山面田，占地面积甚广，建筑面积约 400 平方米。中间一厅为大殿，供奉三宝如来、观音菩萨、地藏王菩萨和玉皇大帝、五谷真仙、华光大帝、丰山祖师。当地信众每年都要去大丰山朝拜欧阳真仙。每年农历十月十八日打醮，正月初七庙会要“游菩萨”。

大觉寺（陈汝辉 摄影）

天竺寺 在宁化县石壁镇大路背，始建于明万历年间。近年重修，一字形横

天竺寺（陈汝辉 摄影）

屋，砖木结构，白墙黑瓦，正厅设为大殿，左右有两厢。殿内供奉欧阳祖师神像和牌位等。门联：“朝朝朝朝朝朝应，长长长长长长流。”寺前有一空坪，左侧建一古戏台，右侧为民房。

星峰庙 在宁化县安乐乡刘坊村俞坊，始建于北宋，初祀关公。清中叶，欧阳真仙信仰从连城、长校传入，增祀欧阳真仙。每年正月初十至十五日俞坊庙会期，有祭祖、走古事、游神等习俗活动。

星峰庙（陈汝辉　摄影）

马祖寨 在宁化县城郊乡杨禾村小月水和清流县龙津镇暖水村罗口间，清宁两县交界处。旧称马祖寨，现名金刚山乐净寺。该寨始建于宋端平二年（1235），2019年重修大雄宝殿、天王殿，重檐歇山顶。大殿内供奉欧阳真仙、吴文真仙、定光古佛、吉祥菩萨、药王菩萨和三宝如来、达摩、监斋菩萨、十八罗汉等。每年正月初九打仙公醮，由住寺僧人带领信众拜千佛。

马祖寨（陈汝辉　摄影）

水口庙（青牛　摄影）

水口庙 在宁化县城南

乡上坪村水口，古树荫蔽，环境清幽。清泉石上流，鸟鸣山涧中。传曾经供奉欧阳真仙。

樊公庙（陈汝辉　摄影）

樊公庙　在宁化县城郊乡西门外，临河修建，现仅存一小筑，主神樊公。传曾经供奉欧阳真仙。

三明市

眷西阁（陈汝辉　摄影）

眷西阁　在三明市三元区梅列大桥西下方老城墙凝紫门上。凝紫门始建于清咸丰八年（1858），是为纪念徐霞客途经此地所建，后人题应景诗曰：“残阳凝紫降华盖，暮霭尾历似蓬莱。”城门上后来加盖眷西阁供奉欧阳真仙。有联：“沙溪东去波涛洗尽古今愁，爽气西来云雾揭开天地憾。”“文化大革命”期间，欧阳真仙神像被毁。1980 年后，当地信众捐资修缮眷西阁，重塑欧阳真仙金身神像，称欧阳仙师。每年农历七月十四日为欧阳真仙庙会期，眷西阁都举办崇祀欧阳仙师的打醮活动。

见田阁（陈汝辉　摄影）

见田阁　在三明市三元

区列西东壁门上。早年列西建龙岗坊设南昌、北辰、东壁、西周四门并在东壁城门上修建“见田阁”祀欧阳真神。联曰：“信欧阳有求必应，拜真仙无欲则刚。”紧挨着见田阁旁建有一小殿，供奉一尊欧阳真仙立像。

福东院 在三明市三元区列东村虎头山下，始建于清朝末年。原址在列东老街，传说欧阳仙师托童子降临，自愿到列东受一方香火。起初，村民盖一小庙，立一块木牌写“欧阳真仙神位”，数年后又在列东南城门路边建庙。1982 年迁现址重建，现为佛道合一的宗教活动场所。正殿塑三宝等诸佛，并供奉欧阳真仙五位仙师，即欧阳真仙、真武大帝、齐天大圣、五通圣君、通公法主（即“张公法主”）等。

福东院（陈汝辉　摄影）

福兴庙 在三明市三元区小溪综合农场附近。始建于清顺治年间。2013 年，因三明市“南拓北进”发展需要，批准异址重建，占地面积千余平方米。大殿内正中神龛供奉欧阳真仙木雕神像，彩绘贴金，雍容大度。

福兴庙（陈汝辉　摄影）

瑞云洞 又称瑞云古寺、真仙庙，在三明市三元区陈大镇大源村瑞云山。有“亿年火山洞，千年古道场”之称，历来香火鼎盛。岩下有始建于宋代的木构 5 开间寺庙，供佛祖道宗和地方神灵于一堂，敬塑如来、观音、定光古佛、欧阳真仙、五显君等。左欧阳真神龛中，欧阳真仙居中，左起真武祖师、武将、欧阳真仙、弥勒佛。清乾隆年间，翰林院督察御史、十八学士官志涵，因厌恶官场腐败隐居于此讲学三年，并撰有一联：“人在石中藏璞玉，客来洞口隔珠帘。”

瑞云洞（陈汝辉　摄影）

欧阳真仙庙　现名天后宫，在三明市三元区陈大镇砂蕉村砂坪自然村。该庙为近年批准重建。祀大丰山得道欧阳真仙、天上圣母、桃源洞祖马仙娘、五谷真仙、观音、关公等。每年正月初六举行打醮、“游菩萨”等祭祀活动。

欧阳真仙庙（天后宫）（陈汝辉　摄影）

龙凤祖洞　又称欧阳庙，在三明市三元区陈大镇棕南村底坑自然村水口。流水淙淙，绿树浓荫，四时清幽。欧阳真仙原在村尾的溶洞中供奉，20 世纪 80 年代初迁建于此。中祀欧阳真仙，左右分别为盘古神、五谷真仙、观音菩萨和四位仙女。全村 9 个小组轮流担任福首，定期组织人员前往大丰山进香“取火”，正月十四举行打醮、“游菩萨”。村民各户

龙凤祖洞（陈汝辉　摄影）

多在自家神龛上张贴欧阳真仙神符、挂彩幡。

威灵殿（青牛　摄影）

威灵殿　在三明市三元区中村乡白水小前村，地形名观音坐莲，仅一小楹。传说这一风水宝地为欧阳真仙自己找的。民国二十一年（1932）重建，供奉欧阳真仙、真武祖师、通天华主、太保公、土地公、清水祖师。门联：“威风凛凛驱魑魅，灵飞昭昭纳福祥。”

福兴殿（陈汝辉　摄影）

福兴殿　在三明市三元区中村乡大焙坑村，始建于清，迄今有200多年历史。早年福兴殿修建在牛姆岐山顶上，为便于信众朝拜，周边三村合坊重建，移大焙坑村口处重建。该殿建筑为通廊结构，布局紧凑，形状精致。殿内雕龙画凤，装饰精美。主要供奉欧阳真仙，一同供奉的还有太保公、真武大帝、关公和赵子龙等。殿内有大田县广平镇铭溪一信众为其捐铸的铁钟一口，铭文有“清光绪四年”字样。如今，这里是全村祭祖、打醮、集会等活动之所。每年正月初四游龙，农历九月初九打重阳醮，均有游神、“跳火海”等民俗活动。

云隆殿　又称云隆祖殿，在三明市三元区中村乡蕉坑村后塘云隆岭。近年重修，面阔四柱三间，抬梁式木结构，悬山顶，上盖色彩艳丽的暗红色树脂瓦，在青山绿树间特别耀眼突兀。中殿祀奉欧阳、镇武、通公、关公、赵公、太保六位神明，建筑面积约100平方米。近年来，因相比较前往大丰山路途更加遥远，当地信众多去沙县大洛镇中洋村的新灵祖殿进香“取火”打醮。

云隆殿（陈汝辉　摄影）

新灵祖殿　又称仙灵殿，在三明市沙县区大洛镇中洋村（旧称丰余）。始建年代不详，1945年毁于火，不久重建。“文化大革命”期间又遭破坏，1980年重修时派人去大丰山“取火”。重修仍按原制式，面阔六柱三间，前有廊，抬梁式木架构，重檐翘角，建筑面积约100平方米。中殿祀欧阳真仙等六位真仙（欧阳真仙、镇武祖师、张公法主、关公、赵公明、太保），左殿供奉观音。在当地和尤溪县八字桥乡龙湖村等地有不少信众，十分相信新灵祖殿欧阳真仙能够保佑莘莘学子学业进步。有联：“欧阳六位真仙威灵显赫，佑民录取大学继续深造。”每年农历九月初九重阳打醮、正月初一庙会，此殿都异常热闹。

新灵祖殿（青牛　摄影）

迎神阁　在三明市沙县区富口镇富口村前坪，1987年重建时，当地信众将富口

迎神阁（青牛　摄影）

镇各处供奉的神明，连同旧时增墩土堡内供奉的欧阳真仙，迎请入阁供奉。主神玉皇大帝，附神有观音、欧阳真仙、齐天大圣，并祀吕洞宾、五谷真仙等。

德福堡（青牛　摄影）

德福堡　在三明市沙县区富口镇白溪口村，古堡呈长方形，坐东北朝西南，迄今已有 160 余年历史。土堡正门的楼阁内供奉黑脸长髯欧阳真仙雕像一尊。近年，富口镇政府斥资 100 余万元对古堡进行修复，辟为白溪口村史馆，吸引了大批游人前来观瞻。

狮子峰　在三明市沙县区夏茂镇东街罗邦村狮子峰，始建于明末。庙内神龛内前后供奉两尊神像，前肖公祖师［清咸丰年间（1851—1861）抵御红巾军战死］，后欧阳真仙。每年正月初一和三月初三，狮子峰的管事均要延请道士打真仙、祖师平安醮。本地信众前来求平安者众多。其侧有后来增建的佛教寺院金光寺。

狮子峰（青牛　摄影）

吴仙殿 在三明市三元区莘口镇炉洋村下炉，距莘口镇18千米，山高地僻，传殿内有供奉吴仙、欧阳真仙等。每年正月举办打醮、迎神等民俗活动。

明溪县

祖师庙 在明溪县沙溪乡梓口坊村神边，与般若庵并列。左为祖师庙，右为般若庵。祖师庙原建于村水口，始于清初，占地甚广，几经毁建，2000年迁建于此。该建筑为砖混结构，面积约120平方米，重檐翘角，一进两厅中天井，左右廊钟鼓各一，正厅四柱抬梁，正中神龛供奉执剑欧阳仙师和真武祖师，前有两尊护法神。每年农历四月初八祖师庙要打一日两夜清醮，保全境平安。般若庵的建筑规制与祖师庙基本相同，面积稍大，供奉饶公、萧公、玉帝、张公、惠利、观音等。每年定期打清醮，正月初九玉帝醮，农历二月十九日观音醮，三月初五民主尊王醮，四月十九日天上圣母、五谷真仙、惠利夫人醮，七月二十五日饶公醮。

祖师庙（陈汝辉 摄影）

福寿庵 又称福洲庵，在明溪县夏阳镇旦上村黄地。该庵始于南宋，1982年

福寿庵（陈汝辉 摄影）

重建，为木结构，一进二厅，占地面积有二百余平方米。目前，前厅早已倾塌。正厅四柱抬梁，悬山顶。供奉张公、饶公、刘公、吉祥菩萨、韦陀菩萨、五谷真仙、土地公、普庵祖师、观音、金童、护法等神像十一尊，神龛前奉“丰山德道欧阳仙师之神位”。每年农历七月二十三日打醮。

寨上庙 又称祖师庙，在明溪县夏阳镇旦上村黄地，始于明代，原为黄地村民避难土堡，村民在此间供奉真武祖师和欧阳仙师保境安民。1983年重建，纯木结构，左右两厢。现仅存正厅和左厢，正厅神龛供奉执拂尘欧阳仙师及真武祖师、定光古佛、观音菩萨、仙娘老嬷和护法神、童子等。正月十五打醮。

寨上庙（陈汝辉　摄影）

甘泉寺 在明溪县雪峰镇紫岭路，前殿称甘泉寺，供三宝佛及阿难、迦叶。后殿五谷仙庙于1998年5月重建，建筑面积120余平方米，前廊立二柱，大殿四柱抬梁，重檐歇山顶。五谷仙庙供奉持剑欧阳真仙及五谷真仙、地母、龚刘杨三祖师（来自将乐）、花公花母、玉帝、张公法祖及护法神等。

甘泉寺（青牛　摄影）

涧水洞 又称欧阳文仙宝殿，在龙岩市新罗区白沙镇小溪村下圩路56号，梅花湖水利风景区小溪码头旁。原址在万安溪与吕凤溪交汇处，“文化大革命”期间，庙宇被强行拆除，神像被烧毁。1985年重阳节举办重建后首次醮会，2006年因白沙水库电站建设，迁建于现址，次年底建成。新殿飞檐翘角，金碧辉煌，前后两殿，左右庑廊合院式，重檐歇山顶。钢混结构，建筑面积400余平方米。殿对面建一戏台。2008年秋，重塑欧阳文仙金身及左右神像，并于当年重阳节派人前往清流大丰山顺真道院“取火”，隆重举行欧阳文仙开光及醮会活动。对联：“涧水澄清普济千家吉庆，欧阳灵应护佑百姓平安。”

涧水洞（陈汝辉 摄影）

文华阁 在龙岩市新罗区万安镇梅村杨梅安路，始建于清嘉庆元年（1796），山溪潆洄，绿树成荫，殿阁古朴庄严，恢宏宽阔，供奉华光、观音、欧阳文仙、十二部恭王等。此处欧阳文仙神像原供奉于万安镇华光村南坪，由连城莒溪太平寮罗先孜道人受请托移入供奉。

文华阁（青牛 摄影）

泉州市

惠山宫（康炳山　供图）

惠山宫　在惠安县小岞镇前峰村钓鱼头易文寺左侧。易文寺始建于元至顺三年（1332），2008年移至现址重建。供奉三宝、观音、妈祖。该寺面朝大海，风景宜人，对面是宝岛台湾。传欧阳真仙托梦于康炳山弟子，意择小岞福地普法四方，于是康炳山先生倡议在易文寺左侧建惠山宫，取惠安大丰山欧阳真仙宫之意。惠山宫坐北朝南偏东，建筑面积约100平方米，钢筋混凝土结构，正殿四柱抬梁，硬山顶，屋顶覆赭色琉璃瓦，形制仿大丰山顺真道院，一进二厅，门厅稍狭，进深仅2米余，左右各9级石梯登上主殿。主殿神龛正中供奉欧阳真仙，左吕洞宾、右赵公明。从左至右，依次供奉元始天尊、玉皇大帝、王母娘娘、太上老君、吕洞宾、欧阳真仙、赵公明、武总管、真武大帝、张天师、神农圣帝塑像。神龛前香案上还供奉黄龙、黑龙两位将军塑像。主神欧阳真仙神像来自清流大丰山，原供奉于大丰山顺真道院内。有联曰：“欧阳显灵护众生，真仙布泽赐安宁。”正殿匾额“道通天地”。与大丰山顺真道院无异，每年农历七月十四日打仙公醮。

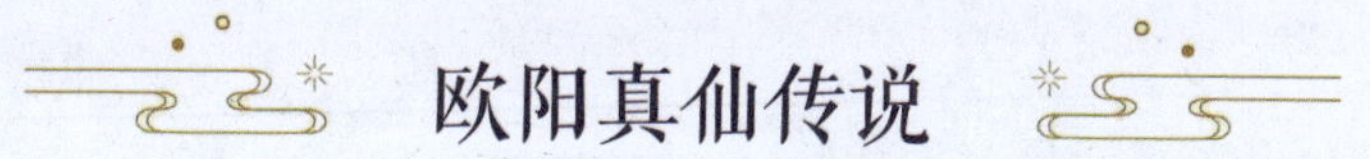

欧阳真仙传说

欧阳真仙作为真人演化而成的祖先神和地方神明，在清流、永安、连城、沙县、三元、宁化、明溪、龙岩等地，都有关于他的故事流传，这些传说故事精彩地描述了欧阳真仙少年时期的仙赋异禀、知仁明义，修行时的饱经劫难、笃定信念，得道时的乐善好施、解困济众，显圣驱邪时的天助神力、坚毅智慧……这些，无不展示欧阳真仙的神奇力量，慨叹其神秘莫测。当除去这些传说故事因历史时代所附加的神话色彩，其间反映的却是客家民间对诚信、友爱、互助、慈善、正义的乡村民风的向往，传递的是客家族群对人定胜天、风调雨顺、五谷丰登、长寿民安的祈盼，而这些融合于民间信俗活动中的传说故事，折射的正是中华优秀传统文化所蕴含的精神力量。

1.真人出世

欧阳真仙，名世清，号大一，清流县龙津镇下窠村人，生于唐戊申年（888）七月十五日。传说，世清出生之际，他的父亲想七梦见一仙人骑着神鹿飘然入室，不久怀胎十四个月的妻子董氏便诞下一男婴。正当时，原本黑暗的天空突然露出五色光芒，缤纷灿烂，产房里被一阵奇异的香气

官坊村缵文塾（青牛　摄影）

笼罩，隐约有笙管之音仿佛从云间传来，整个世界一片清平安宁，所以他们就给这个小男孩子取名世清。由于父母均较早亡故，生活无所依靠，世清不得不去赖坊官坊投奔姐姐，为姐夫家放牛。世清从小就表现出超人的特质，天赋异禀。他渴望学习文化，却因家贫不得上学，只好利用放牛的空隙在村里缵文塾窗外偷听私塾先生讲课。世清在大丰山放牛时，得到仙人点化，年十六时便超悟，于是在大丰山结庐修炼，持之不懈，至 42 岁，功行方成，神通仙界。凡旱涝疫疠，祈辄有感应，特别灵应。乡人皆崇拜其灵感，在他修炼的大丰山上化身岩处修建顺真宫并塑像崇祀，一年四季朝谒不绝。

2.世清赠篮

世清的母亲去世后，在清流下窠阳坊村里，他与父亲相依为命。从小就十分懂事的世清，时常帮家里干活，父子俩在村头的小溪边种了些瓜果。到了瓜果成熟的季节，父子俩准备去摘果，可他们接连两次到地里去，看到的都是瓜果刚成熟就被人摘走，地上还散落不少瓜果。父亲非常生气，想逮着了盗贼一定痛揍一顿。

可世清却认为偷瓜果之事虽然可恨，但偷瓜果之人却也可怜，他们连篮子都没有，才会把瓜果掉落一地，应该是穷苦人。他提议父亲把散落在地上的瓜果拾起来送给穷人。父亲觉得世清的话很有道理，就把散落在地里的瓜果捡了回去分给穷人家。世清还提议父亲砍些竹子来编一些篮子，父子俩当即动手编了 12 个竹篮，挂在瓜果架上，打算送给那些来偷瓜果的穷人使用。

过了几天，又有一批瓜果成熟，那几个穷苦人又趁夜来偷瓜果。当他们看见瓜架上四处挂着篮子，十分惊奇。想到自己已经偷了两次瓜果，主人非但不责怪，还准备了装瓜果的篮子，心里很过意不去，决定再也不干偷窃之事。他们把成熟的瓜果摘下来放进篮子里，整齐地摆在田头上，还给瓜果地松土、锄草，为瓜藤除虫，一直忙到天亮才回家。

第二天早晨，父子俩来到瓜田，只见 12 个篮子已盛满成熟的瓜果，

真仙故里下窠村（陈汝辉　摄影）

瓜田也被打理得井井有条，当即明白所发生的一切。后来，世清在大丰山修炼得道成仙，他和父亲曾经在阳坊种过的那块地，种什么东西都长得很好，种的瓜果从来不生虫。

3.一根茅花

官坊是清流罗村里的一个村庄，宋绍兴年间上官六郎由宁化延祥迁居于此，是官坊的开基祖。六郎与世清从小是要好的玩伴，俩人相处得非常好，常常一起去放牛，无话不说，形影不离，结为兄弟。世清略长，为兄。稍长，世清渐渐显露出超人的智慧，料事如神的他在官坊一带小有名气。这让小伙伴六郎佩服不已。有一天，六郎问世清："你既然这么神，能否预测出我的终身结局呢？"世清沉思片刻，随手拔起一根茅花送给六郎。六郎不解其意，世清却说天机不可泄露。六郎只好把那根茅花带回家中，插在神龛上的香炉里。

上官后裔祭扫六郎"天葬地"（陈汝辉　摄影）

多年以后，六郎已是子孙满堂的老人。这天，他像往常一样带着镰刀，独自到出村不远半迳这个地方，打算割些茅草喂牛，可这一去再没有回来。全村人找遍了官坊的坑坑垅垅，就是不见人影，最后在半迳的山坡上，找到了六郎的斗笠、镰刀、蓑衣和割好的一捆茅草。大家四处仔细察看，掀开斗笠，发现六郎已全身没入泥土中。这时，子孙们想起当年欧阳世清赠送六郎茅花的故事，恍然大悟，这也许就是当年欧阳伯公为六郎公算的结局啊。子孙们连忙料理六郎公后事，并在原地筑坟，称这块坟地为“天葬地”白茅畲。为感恩欧阳伯公，此后，每年农历七月十五中元节，官坊上官氏后裔祭拜祖先之前，必先去大丰山给欧阳伯公上香，家中事情免不了向真仙求签问卦，代代相传成为固定的习俗。

4.唤雀插秧

传说农忙时节，姐姐把专门负责放牛的世清叫来帮忙插秧。但世清把牛赶到山坡上吃草后，却径自来到田边一棵大树下睡起大觉。姐姐很生气地多

赖坊农忙时节在田里插秧的村民（陈汝辉　摄影）

次提醒弟弟，干完活了再睡觉。世清却满不在乎，说请姐姐不用担心，他一定能完成自己那份责任田，说罢又装模作样继续睡大觉。就这样，世清在大树下睡了一整天，偶尔睁睁眼看看，也只是担心牛跑到秧田吃秧。直到天色暗将下来收工时，世清才伸伸懒腰站起来，大家都在等着看他的笑话。

姐姐生气地责备弟弟为何整天偷懒睡觉，不帮忙干点活。世清却指着分给他的田块笑着说道早就插好了呀。姐姐不信，世清便领着姐姐到地里去看，果然一大片田里整整齐齐地插好了秧。怎么回事？姐姐十分纳闷，稻田里的水清亮清亮的，一个脚印也没有，不像是刚插的样子，莫非是神仙来帮助？世清告诉姐姐，是他运用法术唤来了一大群麻雀帮忙，只一会儿就插好一大片秧田。麻雀用喙衔着禾苗，在水田上轻盈地飞播，水田当然不会浑浊啰。

5.丰山牧牛

世清牧牛大丰山，自顾玩耍，任牛群在山坡上悠闲地吃草。牛鼻子上的绳子在山坡草地上拖曳，形成了一道道弯曲小路，从此不再长草，谓牛绳路。因担心牛跑失，世清便想了个办法，用石头把路口堵起来，将牛“关”起来吃草。这些遗落下来的石头，就叫拦牛石。小路上，布满了斑斑点点像爆米花一样的被称为米花石。传说是世清有

大丰山拦牛石雕像（陈汝辉　摄影）

一回去大丰山放牛，临出门时抓了几把爆米花塞进口袋。路上，爆米花从口袋破洞中漏了出来，撒落一地。不久，这些爆米花就变成一粒粒洁白玲珑的小石子，镶在铺路的石块中。还有一种传说是，世清在山上修炼，姐姐很久未见，心中十分想念，就炒了点米，用围裙兜住，上山去寻弟弟，却一直未寻见，心里着急，不觉围裙兜着的炒米四处掉落，这些散落在地上的炒米就变成一颗颗形似米花的小石子。

6.翻洗酒缸

腊月农家蒸酒，家家户户都在洗酒缸，准备蒸酒过年。这天，世清还没睡醒，就被姐姐催着快点起床去洗酒缸。从前，酒缸的外面都是光滑的，而缸内壁却有许多好看的花纹。世清把酒缸外面洗好后，打算将缸内也洗一洗，可是缸底太深，世清伸手够不着。但这难不倒他，只见世清突然把酒缸倒立起来，往缸底猛击一拳，酒缸骨碌碌地翻了几个跟斗，滚到厨房门口。

酒缸（青牛　摄影）

姐姐在厨房内听到响声，赶紧走出来，看到翻倒在厨房门口的酒缸，居然还是好好的，赶忙扶起来一看，奇怪的是，缸的里面变成外面，外面变成里面，缸内的花纹跑到外头来了。缸内也洗得非常干净，姐姐非常惊奇，满心欢喜。据说从此以后，把酒缸花纹刻在外面的做法就被保留下来。

7.结庐丰山

这天，世清正准备去大丰山脚下的鲜水塘放牛，一老叟告诉他山背那边青草特别茂盛，是放牛好去处。世清连忙赶着牛翻山越岭前往那片草地。牛群自由自在地吃着草，世清就在附近找个山洞休息。世清刚一坐下就迷糊睡着了，醒来时天色已晚，正准备赶牛下山，那位老叟提着一兜食物走进山洞，拿给他吃，一转身老叟没了踪影。此时世清肚子正饿，顾不得许多就吃了起来。吃过晚饭天色更暗，世清心想明天还得赶牛上山吃草，这洞里石床、石凳一应俱全，今晚就在这山洞住下吧。第二天，世清正准备出洞，见老叟送饭菜来的袋子又鼓了起来，好奇地打开一看，又满是可口的饭菜。于是，世清又在洞里待了一整天。此后，天天如此，世清想有这么好的事情，也就乐不思归了。传说从此，世清结庐大丰山苦心修炼，至42岁时神通天界。这个岩洞就是他坐化之处，被称作化身岩。据说，这个老叟就是传说中八仙之一的吕洞宾。

丰山化身岩（青牛　摄影）

8.半仙传说

这天，欧阳世清又在大丰山棋盘峰放牛，见绝壁上有三位神仙在下棋，甚感惊奇，便赶紧前往观看。仙人递给世清一颗桃子，说吃下后就不感觉饥饿。世清将桃子吃下，果然不再感觉饥饿。不知时光匆匆逝去，竟忘了回家。神仙对世清说，度你上天庭如何？世清满心欢喜，说等我先把

大丰山棋盘峰（陈汝辉　摄影）

牛赶回家吧。神仙们开怀大笑：那头牛已成仙，早回天庭了。天上一日，人间一年啊！不信，去看看你插在山坳的赶牛竹鞭，都长成一片竹林了。果然如此，世清诧异不已。

然而，上天庭须是修行圆满的得道之人，凡人必定要经历一番舍弃肉身的考验。三位仙人要求世清舍身跳崖，话未说完便带头纵身跳下万丈山崖。这么高怎么敢跳啊？世清偷偷往下一望，只见悬崖峭壁上的枝丫上挂满血淋淋的内脏和肠子，吓得呆在原地半晌不能言语。忽然，眼前血腥场景不见了，只见三位仙人腾云驾雾升到半空，从天上传来声音："欧阳真人，你的修行尚不圆满，只能做个半仙，就在大丰山好好修行，享受凡间烟火供奉，守好此地道场吧。"说话的这位神仙便是吕洞宾。从此，欧阳世清在香炉峰岩洞中打坐修行，坚志修炼不慕尘俗，终于悟得天道，功德圆满，神通天界。

9.黑脸真仙

黑脸真仙像（青牛　摄影）

传说，欧阳世清在大丰山刻苦修炼，虚其心、实其腹，降妖除魔、度人劫难的法力大增，他的毅力让吕洞宾十分感动。吕洞宾送了一颗仙桃给世清，告诉他只要把这颗仙桃吃下去很快就能羽化成仙，修成正果。世清连忙吃下仙桃，端坐在洞内等待仙化。

正好这天世清的姐姐想起很长时间没见着弟弟，就上山来寻。寻了半天，终于在岩洞中找到了弟弟。只见世清端坐在一块石头上，双眉紧蹙，浑身颤抖，满脸是汗。姐姐看着急忙上前想用围裙帮弟弟擦拭汗水。可是姐姐并不知道围裙上沾了腥荤油腻，若用来擦脸，是触犯了天规大忌的，世清的仙化就会立即停止。天上众神见了十分焦急，雷公神忍不住一个霹雳砸向大丰山。幸好世清挺身护住了姐姐，姐姐没被雷击中，但世清却被雷电烧得满脸通红。姐姐心疼地看着弟弟的脸由红变黑仙化而去。官坊村民感念世清生前为民做了许多好事，就在他修仙的地方建了一座宫庙，并根据他羽化时的模样雕塑了一尊黑脸的神像，供信众四时朝拜。

10.神稻救荒

宋淳熙年间，清流发生严重旱灾，蝗虫为害，粮食颗粒无收，饥民流离失所，道有饿殍。传说欧阳真仙见此情景满心忧愁，决心帮助饥馑的乡亲消灾除厄。清流嵩溪高地（又称高城）是一处高山盆地，面积有几千亩，这里森林茂密，人迹罕至，是设坛祈雨首选之地。欧阳真仙就在此设了一个祈雨坛，作法七七四十九天，终于感动龙王爷降下甘霖。清流的旱情有了初步缓解，但由于土地长时间干旱，饥饿的农民一时半刻也种不出粮食，而且长期饥荒，所有能吃的东西都早被吃掉了，哪里还有什么粮食种子。

见此情景，欧阳真仙便厚着脸皮向神农氏讨要稻谷种子，神农氏被欧阳真仙对家乡人民的厚爱之情感动，立刻答应施以援手，便送了几粒稻种给他。说也奇怪，欧阳真仙刚把这些稻种撒向田间，不一会湿润的土地上就冒出绿油油的禾苗，长势十分喜人，没有多久就结出沉甸甸的稻谷，饥荒得以迅速化解。因为是欧阳真仙向神农氏要的种子，人皆称此乃神稻，把舂出来的米叫“仙米”。村民恢复从前安逸生活，为纪念欧阳真仙，人们将“仙米”向朝廷进贡，龙颜大悦。而欧阳真仙为答谢神农氏救急之

清流嵩溪高地农田（陈汝辉　摄影）

举，凡有祀奉他的宫庙，都请神农氏上座。下窠欧阳氏族为表达对祖先的敬意，陆续有人迁往高地定居，并称居住地为阳坊，高地逐渐土沃人稠起，成为清流粮仓。明朝天顺年间，高地欧阳氏建祖祠福兴堂，供奉欧阳真仙神位。

11.“三仙”结义

大丰山、老盈山、员峰山三山相连，各为欧阳、罗、赖三位仙人道场。三道人先后得道成仙，受人供奉。三位仙人之间虽然素未谋面，但彼此知道，都期待有天能够聚一次，商议如何履行好各自的责任。

这天，在罗仙的安排下，三位神仙在老盈山登真宫碰面。东道主罗仙是三仙中最有文化的，点子比较多，他提议按年龄长幼排序，欧阳真仙为长，罗仙为二，赖仙为三，三仙义结金兰。根据各自的能力和特点，确定

在连城宫观供奉的“三仙”（中为欧阳仙，右罗仙，左赖仙）（青牛　摄影）

欧阳真仙为妙应，罗仙为感应，赖仙为灵应，今后承担相应职责。此后，“三仙”一直共同努力，护佑着当地百姓。

12.灵龟驮仙

浙江普陀山观音座前，原来是有三只神龟听候差使的，可是现在人们看到的只有两只，这是怎么一回事呢？原来有一只神龟“跑到”清流灵台山来了。

灵台山石龟（青牛　摄影）

相传，欧阳真人听闻东海观音法力无边，心向往之已久，便准备好行囊，从大丰山前往普陀山，一路上跋山涉水。拜见过东海观音习得法术后，欧阳真人辞别返回。因为路途遥远，观音命座前的一只神龟驮欧阳真人回大丰山。三只神龟中，最小的这只最为机灵，早就很想到外面看看世界，便主动请缨。行至灵台山，欧阳真人有些事情要办，便吩咐神龟暂时停下来。而神龟却因此迷恋上灵台山的秀美，下决心在此修炼，化作顽石留下不走。在灵台山翠峰寺院内，至今这块形似神龟的巨石仍然待在那里。而普陀山观音座前，如今只剩两只神龟。

13.真仙脚印

在大丰山赵公亭下不远处的一块巨石上，有一个形似人脚印的坑，人

传说中的大丰山欧阳真仙脚印（陈汝辉　摄影）

们都说这是欧阳真仙留下的。传说，白马精因触犯天条被贬凡间，关押在官坊的岩洞里。但白马精不认真反思己过，经常偷跑出来作乱。这天，白马精又出来作乱，被欧阳真仙遇上，连忙躲进赵公亭下的石洞里。欧阳真仙快步跟上，用一块石头将洞口堵住。为防止白马精逃脱，欧阳真仙还在这块石头上重重地踩上一脚，留下了一个深深的脚印。不少善男善女去大丰山朝拜路过此地时，都会将自己脚去合一合这个脚印，一卜吉凶，合者觉得吉祥如意、满心欢喜，不合者会赶紧上大丰山向欧阳真仙许愿，回来再来合一次，如果合上了，就会欢天喜地，表明灾祸已经消除。

传说，汀州府一家财万贯姓贾的员外，听说此事觉得非常有趣，便也去凑热闹，可无论他怎么弄，却一直与脚印合不拢。贾员外入庵去抽了一签，签上说他今年要去讨饭。他觉得可笑，更不把这当回事，也不向住观的道士请求化解方法，就径直回家去了。转眼到了这年大年三十，贾员外在家里备好宴席准备过年，后院却突然起火，火越烧越旺，谁也无法近前，不到两个时辰，整个家产被烧个精光，贾员外还险些丧命。等火熄了，万贯家财也已荡然无存，贾员外只好外出乞讨。此时，他想起了在大丰山庵抽的那支签，心中懊悔不已。

14.京师祈雨

宋淳熙年间，天大旱，寸草不生，皇上心急如焚，特召国师江西龙虎山张天师前来商议，打算率百官祈雨。

顺真道院内供奉的张天师像（陈汝辉　摄影）

张天师掐指一算，知此旱灾乃为妖狒报当年令公一剑之仇所为，他最忌清流大丰山欧阳真仙法力。当天，张天师便到大丰山请欧阳真仙出山降妖祈雨。欧阳真仙手执伏魔宝杖与国师同赴旱区，只见一轮火球在空中喷射，地面一片焦黄，河枯井干，数百里地没有人烟，他立即登上祈雨坛，取出降妖袋将火球收入，再用伏魔宝杖杖击妖狒，使之现出原形一并收入袋中。霎时，天空甘霖大沛。

解除大旱，皇上龙颜大悦，问欧阳真仙是否愿意留在宫中受命。欧阳真仙以保八闽安危为天职，说皇上有国师辅佐足矣，日后如有用其之处，天师传讯即刻奔赴。皇上见此就不再勉强，便敕封欧阳真仙“通天妙应欧阳真君”，并赐紫金道冠一顶、太极八卦嵌金道袍一套。

15.炉峰镇妖

相传，过去人们从清流去永安多是走水路，要经过沙芜塘矶头村。在其下游“闽水第一奇险”九龙十八滩，两岸雄崖壁仞，危石刺云，过往的船只都要十分小心。矶头村头有一个溶洞，石洞中住着一只猪母精。这

近处为大丰山香炉峰（陈汝辉　摄影）

猪母精不但脾气很不好，而且心眼也极坏，对过往的船只，稍不高兴，就掀起大浪将船打翻淹死人。欧阳真仙听说此事，决定惩罚猪母精。他略施小计，把猪母精哄骗到大丰山，作法用香炉峰镇住猪母精。从此，猪母精再也不能出来危害百姓，过往船只和行人都安全了。因为香炉峰上半截被欧阳真仙拿去“盖”猪母精了，人们现在看到的大丰山香炉峰就像是一个没有盖的香炉。

16.神签降妖

过去，清流城关每年农历四月初三都要从大丰山迎请阳仙公神像进城，轮流在坊间建醮，至五月初三上午护送阳仙公神像出城回山。出城通常定于当天午后，载着欧阳真仙神像的船只沿龙津河直下，至嵩口坪木南青西丰山稍事休息，次日众人再行陆路护送神像回大丰山道院。

相传，有一回护送阳仙公神像出城之时，暴雨成灾，洪水漫淹。许多艄公见此情形，都不敢驾舟护送仙公神像。但按惯例必须在农历五月初三

签筒　筊杯（陈汝辉　摄影）

这天护送仙公神像出城回大丰山，因为后边还有其他乡村的信众在排队等候迎神打醮。正当大家踌躇不决时，一位壮年艄公挺身而出，他深信阳仙公的神力一定能保佑他平安顺利完成任务。船驶出崆峡岭至黄石滩，忽然一个巨浪打来，小船猛烈摇晃，眼看就要翻船。这时，只见船头阳仙公神像面前的签筒晃了几下，一支签掉进河里，顿时风平浪静。小船按时顺利抵达木南青。后来，一渔翁在汶潭钓起一尾大鲤鱼，头上插着一支竹签，正是当时船行至黄石滩掉下的那支签。于是，人们确信是阳仙公显灵制服了鲤鱼精，使它不敢兴风作浪。

17.岩山伏魔

相传，很久以前，天庭的白马神将因触犯天条被玉帝惩罚变作白马，打入凡间，关押在大丰山脚下的官坊龙门洞中。这白马精开始还算规矩老实，可是不久就不安分了，经常偷跑出来捣乱，糟蹋地里的庄稼，老百姓

赖坊官坊岩山（红菇　摄影）

有种无收，民怨极大，纷纷向欧阳真仙祈求，希望仙公出面惩治妖怪。说来话长，这白马精最忌惮欧阳真仙的法术和赵公明的宝剑，玉帝便命他俩严加看管。

赖坊官坊岩山龙门洞（陈汝辉　摄影）

有欧阳真仙和赵公明严管，白马精自然不敢太放肆。有一天，白马精得知欧阳真仙和赵公明外出，喜出望外，觉得机会终于来了，特地跑去江西龙虎山天师府骗来降雨令，在官坊岩山上施起妖法。刹那间，妖雾弥漫，天昏地暗，雷电交加，暴雨倾盆，洪水漫向岩山，卷起巨浪扑向官坊。

张天师见白马精匆匆而来又匆匆而去，心生疑窦，忙问了府内领头，得知白马精骗去了降雨令，心想不好，白马精要在大丰山闹事，即刻遣人寻找欧阳真仙和赵公明，告诉他们火速返回大丰山降魔。于是，欧阳真仙作法将洪水退去，赵公元帅挥剑斩断马蹄，并将宝剑插在洞口的岩石上。从此，白马精再也不敢出洞祸患百姓。

18.水桶神仙

为纪念欧阳真仙的功德，官坊村六郎公的裔孙决定在村尾建一座庵祀奉欧阳真仙。他们招聘长汀师傅来雕塑欧阳真仙神像。传说在雕塑过程中，长汀师傅听说了许多关于欧阳真仙护佑乡民、显圣驱邪的故事，心底默默赞叹，升起敬意。于是，在安排仙骸时，偷偷地留了一点藏在自己身上，准备带回家乡，也雕塑一尊欧阳真仙神像供奉，保佑家乡风调雨顺、人民安居乐业。

欧阳真仙旧居——官坊何家屋（红菇　摄影）

欧阳真仙神像雕塑完工并入庵供奉后，长汀师傅便向主人辞行。可是长汀师傅才行至村口的岩山亭，不知何故就肚子突然痛了起来，越走越痛，只好返回官坊村。才往回走几步，肚子忽然又不痛了，便又掉转头往前走，但是还未到岩山亭肚子又痛了。如此反复多次，就是出不了岩山亭。

这时，长汀师傅猛然悟到，一定是自己私藏仙骸被欧阳真仙怪罪。于是，长汀师傅回到官坊村，来到他此前塑菩萨之处，将原先剩下塑菩萨像的泥从水桶中拿出来，又塑了一尊仙公像，取出仙骸放入新塑像的腹中。官坊村民见长汀师傅肚子痛，不是去拿药吃，反而在这里和泥塑仙公神像，多少明白了个大概。因为是用剩下的一桶泥塑仙公像，大家便称这尊神为“水桶神仙”。

19.三根羽毛

明朝万历年间，清流人裴应章任吏部侍郎，因性情忠诚耿直，得罪奸臣，奸人时刻寻机陷害他。时逢朝廷打七七四十九天国醮，奸臣乘机向皇帝进谗，说明日打醮，需裴应章独自一人把下殿千斤重的香炉抱往上殿，方可祈得风调雨顺，国泰民安。皇帝听信谗言，下旨令应章抱千斤香炉至殿前。应章接旨后，惶恐不安。

入夜，应章梦见一黑脸道人，告诉让天明即去醮坛，找一个清流来的道士欧阳世清，他会给你三根羽毛。在打醮前向着天空燃烧一根羽毛，再去抱千斤香炉，便一点不费力。若再有其他危难，照此做便是。次日，应章早早来到设坛处，找到了来自清流的道士欧阳世清，这道士果然给他三根羽毛。应章照梦中老者所说，向着天空燃烧了一根羽毛，果然轻松地将下殿千斤香炉抱到上殿，满朝文武百官看得目瞪口呆。

奸臣一计不成，又生一计，鼓动皇帝再下旨，让应章去芒草秆搭成的祈坛上坐一坐。应章照老者所言，又向着天空燃烧了第二根羽毛，然后稳当当地坐在芒草秆搭成的祈坛上。奸臣于心不甘，再生一计，让皇帝再次下旨，要应章坐在灯芯折的椅子上。应章于打醮前向着天空燃烧了第三根羽毛，然后往灯芯椅上从容一坐，安如磐石。满朝文武百官议论纷纷，裴尚书非人也，真神也。

救命用的三根羽毛烧完了，然而国醮还有二十几天。应章担心奸臣再施毒计，自己无法化解，便四处寻找清流的道士欧阳世清，可找遍京城就是找不到，应章万分惶恐。这天夜里，应章又梦见那位黑脸道人，说你

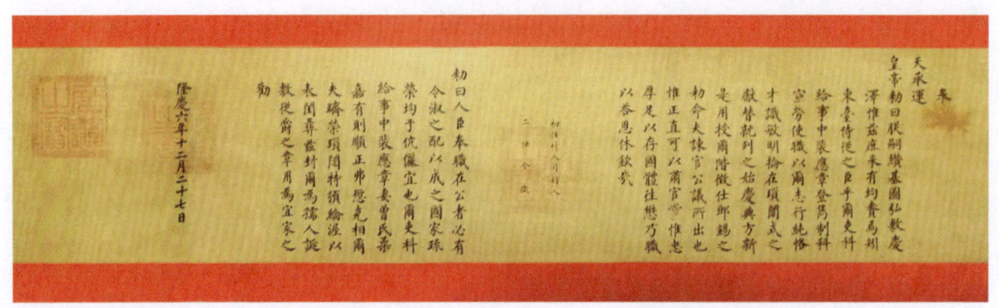
奉
天承運
皇帝勅曰朕嗣纘基圖弘敷慶
澤惟茲庶寀有均責焉爾
東臺侍從之臣乎爾吏科
給事中裴應章登焉制科
宣勞使職以爾志行純恪
才識敏明掄在瑣闈式之
獻替就列之始慶典方新
是用授爾階徵仕郎錫之
勅命夫諫官公議所出也
惟正直可以爾官□惟忠
厚足以存國體往懋乃職
以答恩休欽哉
勅曰人臣奉職在公者必有
令淑之配以成之國家眎
榮均于伉儷宜也爾吏科
給事中裴應章妻曾氏柔
嘉有則順正弗愆克相爾
夫臻榮瑣闥特頒綸涣以
表閨彝茲封爾爲孺人誕
敷徙爵之章用爲宜家之
勸
隆慶六年十二月二十七日

明隆庆皇帝给裴应章的圣旨（青牛　摄影）

的劫难已过，可以功成身退了。应章感激涕零，连问老者是何处人氏，如何称呼。老人答道，我们是老乡啊，就住在清流大丰山。话音一落，应章梦醒了。果不其然，三劫过后，奸臣疑裴应章为神人，未敢再施毒计。不久，应章官至南京吏部尚书，功成身退，回清流颐养天年。为感谢欧阳真仙的搭救之恩，应章多次前往大丰山拜访梦中的道人，赋诗寄情。明万历三十三年（1605），应章为下窠编纂《欧阳氏族谱》撰写序文时，还专门记述了欧阳真仙的事迹。

20.真神回宫

早年，清流城关在每年农历四月初三至五月初三，都要隆重举行祀奉欧阳真仙公为期一个月的醮会活动，引得邻县的宁化信众好生羡慕，也想在当地打仙公醮，举办崇祀欧阳真仙的活动。于是，宁化的信众恳请赖坊人，准许他们将大丰山脚下庵的欧阳真仙神像“请”去建醮。约定三天的建醮期很快就过去，宁化的信众仍然依依不舍，希望阳仙公神像能永远留

大丰山脚下庵大殿内（陈汝辉　摄影）

下来供他们祀奉，于是连夜复制一个一模一样的神像，企图偷梁换柱把大丰山借来的阳仙公神像留下供奉，而将新雕塑的神像送回大丰山。

第二天，赖坊信众前来迎接阳仙公回宫，却看到平排站着两尊欧阳真仙神像，难分真假。哪尊才是真的呢？赖坊人一点也不着急，因当初赖坊人在雕塑神像时，用了仙骸和黄金为其特制了一颗“真心”。于是，他们焚香点烛，跪在两尊神像前面禀告，请阳仙公显灵。这时，只见其中一尊神像向前挪了挪。赖坊人当即确定这尊神像就是真的，几名壮汉赶忙将真像抬回大丰山脚下庵。

21.旗幡结彩

信众去大丰山进香时举的旗幡（青牛　摄影）

每年正月和农历七月十五前后，或者在一些特殊的日子，各地祀奉欧阳真仙的宫庙多要前往大丰山朝拜欧阳真仙，“取火”打醮。朝拜的队伍当中会有些人扛着一面用红布制作的旗幡，旗幡下方飘带上串着各式各样精美的饰件。传说，凡是诚心地去朝拜大丰山者回来时，他们旗幡下的飘带在下山路途中，都会在不经意间结成绣球，形状各异呈瑞象。信众普遍认为，这是阳仙公亲自所结，对虔诚者的肯定，视为大吉大利的征兆。神奇的是，举幡的人无论多么仔细盯着看，却从没有人能看清楚结彩的过程。

22.寄岩重生

从前，有一对年轻夫妻因为孩子得了重病，便决定去朝拜大丰山求真仙保佑。他们怀抱病孩前往大丰山，尽管一路上十分劳累，但他们心中只有一个念头早点面见仙公。可是，在上山的半途中，病孩就已经断气身亡。夫妻俩非常悲痛，商量还要不要继续去大丰山朝拜欧阳真仙。两人都认为，既然决定来朝拜欧阳真仙，任何困难都不能阻挡。于是，他们将病亡孩子的尸体暂置于上山路边的岩石下，继续向山顶的顺真道院走去。当他们朝拜真仙回来，去大石头下寻找自己儿子的尸体时，竟然发现儿子已经活过来，病也似乎好了，手里正拿着吃的东西呢。夫妻俩惊喜异常，他们认为这一定是真仙保佑的结果。后来，人们称这块大石为“寄子岩”，还在巨石旁修建了观音庵。

大丰山寄子岩（陈汝辉　摄影）

23.石门玉女

在连城县，有一条流经竹安寨蜿蜒交错的溪流，回环盘旋在景区山崖峻岭之间，犹如一条腾跃欲飞的巨龙。20 世纪七八十年代因人工筑坝，这里已经形成石门湖。未建水库之前的“石门岩”为连城古八景之一“石门宿云”，崖高谷深，云蒸雾绕，宛如仙境。在水坝西南方，有一座亭亭玉立的山峰，像一个婀娜多姿的少女，远望格外清新明丽，人称新娘石。传说，当年这地方有一位活泼可爱的少女，她与一翩翩少年相爱。可是当地一财主垂涎少女的美貌，使出毒计逼迫少女的父母同意将女儿给他做妾。就在财主大摆宴席准备与少女成亲的当日，少女乘机逃了出来。财主派家丁追赶，少女走投无路投河自尽。欧阳真仙正巧路过此地，将少女点

连城石门湖美景（青牛　摄影）

化成一座秀美的石峰，使她永葆贞节。在其一旁粗壮的山崖，像是朴实的农夫，就是少女的情郎。他寻找心爱的人至此，见少女投河自尽，伤心气绝，亦被欧阳真仙点化成崖石，让两个有情人永远相伴。

24.仙娘圣水

下窠村阳仙公庙的后山，林木荫蔽，是一块风水宝地，当年阳仙公的生母董太君妙真娘死后就葬在这里。早年，这里居住着欧阳姓及罗姓人口200余人，男耕女织，怡然自得，犹如世外桃源。后来，由于村里人口迅速增加，原本充沛的水源已经不能满足需要，村民每天要到很远的地方挑水饮用，很不方便。有村民提议，告请仙娘帮助解决这一问题。

仙娘泉（青牛　摄影）

于是，村里人推选德高望重之人，择定吉日来到仙娘坟前，摆上祭物，点燃香烛，虔诚祷告。仙娘九泉之下得知，决意帮助他们。没多时，村旁就出现了两处泉眼，汩汩清流，日夜不息。村民在泉眼处凿建两口水井，一井用于饮用，一井用于洗涮，为感恩仙娘，他们建亭蔽之，称之为仙娘井。此井自建成起至今几百年间，即便遇上大旱，也从未干涸，一直润泽着这里的黎民百姓。

25.化道验心

在大丰山修炼成仙的欧阳真人，年年接受四面八方信徒朝拜。这天，

大丰山天然道人像（红菇　摄影）

罗坊一信徒登大丰山参拜欧阳真仙。大丰山山高路远、山路崎岖，加之天气炎热，他才走到一半便汗流浃背、十分口渴。欧阳真仙看到如此，便化身为一个道人，来到信徒面前，欲试他是否诚心。欧阳真仙热情与之攀谈，并递上一碗水与其解渴。该信徒接过茶碗，见水面漂浮着一层香灰，十分生气，将碗中水洒向道人脚边，还弄湿了道人的一只袖角。他还大声地责怪道人怎么能拿这么脏的水给客人喝，一点也不顾及道人的面子。不一会，信徒来到顺真道院，在欧阳真仙神像前跪拜祷告，抬头时发现神像很眼熟，而且一只袖角湿了一块，心中忽想起刚才递水的道人，恍然大悟，原来那道人正是欧阳真仙化身来考验自己的，顿时羞愧得满脸通红，连忙向神像磕头道歉。

26.丰山神茶

大丰山气候温润，所产茶叶品质极佳。相传，欧阳世清在大丰山修炼时，长期不食人间烟火，只呼吸云岚天地精华，天长日久，身体渐渐感觉困顿。这天，世清如往常一样打坐修炼，不觉口渴难耐，岩石之下一时无处取水，倒是有几株低矮的老茶树，枝头的嫩叶凝结着晨风中的山露，晶莹剔透，世清便摘下几片嫩叶放在嘴里嚼着，顿时口舌生津，神清气爽，困顿立时消失。莫非这茶有神力？药王茶者，神山灵物也。此后，世清每

大丰山万亩茶园（陈汝辉　摄影）

日都要采摘几片丰山野生茶叶煮水喝，坚志修炼，不久后神通天界。欧阳世清得道升仙后，常以丰山茶叶煮水救治病人，茶到病除，疗效神奇。

27.狮峰祖师

宁化县石壁镇狮子峰上供奉着一尊欧阳真仙像，人称狮峰祖师，因其数次显灵，狮子峰更是远近闻名，朝拜者甚多。

传说有一回，狮峰祖师化作一道人前往将乐，恰遇一员外的儿子夭

狮子峰远眺宁化县石壁镇（陈汝辉　摄影）

折，已断气多时，家人悲痛万分。欧阳道人得知原委后决定施救，他立即解开包袱取出药粉，用小竹管往小儿鼻孔里吹，不久，就听闻小儿喘息咳嗽之音，在场人无不惊奇。员外欲以重金相酬，道人推辞再三，分文不取，只告知其住宁化狮子峰，姓欧阳。后来员外专程赶赴宁化狮子峰，根本没有这么一位姓欧阳的道人，管庙的僧人告诉他，菩萨就姓欧阳啊，员外进庙辨认，果然极像，确认即此仙无疑，忙跪拜叩恩。从此，狮子峰声名远播。

狮子峰真仙塑像因年久朽烂，信众决定为其重塑金身。过去圣像塑好后，必须将其抬至深山人静之处，用净水开光。山下一农夫，不信神佛，见众人抬着欧阳真仙神像辛苦，戏言道，一个木偶让众人抬，这有何用？该农夫回家后，突然双目失明，人们都说他因业障所致，赶紧悔过才是。他只好当即向真仙跪下赔礼忏悔，保证以后改过向善。说也奇怪，翌日天亮时，其眼睛就复明了。

狮子峰山下附近村子有一个不成文的规矩，山下人家每户添一丁，就应在当年或次年农历十一月会期时，蒸一笼糕担上狮子峰供奉真仙，以表谢恩。这年，山脚下一户人家添丁，但这家男孩子的父亲觉得担笼糕上狮子峰很辛苦，极不情愿去。后来在家人勉强下，不得已只好担着笼糕上山，快到山寺时，一不小心整笼糕掉下山崖。故当地人常说，朝山进香要真心诚意，真仙面前烧不得假香。

28.神龟化石

在宁化城关县政府门前寿宁桥之西的翠江中，有一块面积约三十几平方米的大石头，一头连接横街，另一头置于河水中央，有头有尾，形似乌龟，晴时表面泛白，不长青苔，形如乌龟静卧河水中。传说，当年客家祖师欧阳真仙从石壁狮子峰出远门，欲乘船出行，行脚至河边，却逢下雨涨

宁化城关翠江中的乌龟石（陈汝辉　摄影）

水，久不见船。正焦急中，有一大龟游前来，愿驮其出行。欧阳真仙踏上龟背，一路东行至寿宁桥，由于龟的身子太大，过不了桥孔，只好停滞不前。欧阳真仙上桥改走岸路，而大龟则长年停卧于此，久而久之化成一块形似乌龟的巨石。这块乌龟石给当地群众取水、洗涮提供了极大的便利，与周边居民结下了深厚友谊。

29.丰山守岁

清流县灵地镇姚坊村有一位老人，几十年如一日，坚持每年大年夜去大丰山守岁，虔诚祀奉欧阳真仙。无论天气如何、身体怎样，从来不曾间断。从大丰山脚下庵到顺真道院，即使是年轻人也要走 5 个小时。但老人

大丰山赵公亭（陈汝辉　摄影）

仿佛是有神仙相助，年年如此，从不觉得累。这年，老人已80有余，仍然坚持要去大丰山陪阳仙公过年。老人准备好干粮、香烛，毅然徒步上山。毕竟年纪越来越大，腿脚不似从前那般好使，老人走走停停，气喘吁吁，实在走不动了就在路旁赵公亭坐下休息。眼看天色已晚，离道观还有很长的山路，正不知咋办才好。这时，路上走来了一黑脸长须的道士，和颜悦色地对老人说："老人家，年年上山很是辛苦，就免了吧，在家供奉也一样啊！"老人认真地回答："欧阳真仙年年保佑大家，一定要亲自去陪他过个年的！"转眼间，不见了刚才那道士，四处寻觅，都没有踪影。见天色将暗，老人也顾不得许多，赶紧赶路才是。但此刻却觉得身体特别轻盈，脚下也有力了，不一会儿就到了顺真道院。怎么回事？老人想了许久方才悟出，那一定是真仙显灵了。

30.童子救困

相传，以前土匪经常来沙县大洛镇的中洋村（当时称丰余）骚扰百姓，勒索财粮，村民敢怒不敢言，只能消极抗争。有一年，土匪又来勒索财粮，村民躲进土堡中数月不敢出来耕种，陷入走投无路境地。被困的村

民进退不得，只能彻夜向欧阳真仙祷告。此时，云游至沙县富南大孟村的欧阳真仙，感应到村民有难，便化身一名童子前来救助。困在土堡中的村民见小路上远远来了一个孩童，不知就是欧阳真仙化身，生怕孩童受到土匪的伤害。可是，这童子全无一点惧色，他在来路上顺手插上荆棘，一直走近土堡跟前。做完这些后，他对被围困在土堡里的百姓说，大家可以放心出来了，因为在通往村外的道路上，种上了荆棘，土匪若要强行进入会晕头转向、呕吐不止。村民对童子的话将信将疑，走出土堡一看果然如此，都放心大胆地回到村里。土匪从此不敢再来侵扰，荒芜的田地很快就长出了庄稼，百姓从此安居乐业。后来，村民集资在当地建造仙灵殿供奉欧阳真仙，每年都要去大丰山进香“取火”，回来村里打醮，祈求平安。

欧阳真仙香炉（青牛　摄影）

31.白沙驱瘟

相传，清乾隆年间龙岩新罗小溪一带瘟疫流行，村民开始觉得浑身无力，慢慢地手脚不能动弹，病死过半，田地无人耕种。就在村民惶惶不可终日的时候，村上来了个游医郎中，戴方士帽，黑脸长须。他肩挂药葫芦，手执拂尘，却不卖药，而是一户一户地挨个转悠，在每户门槛上用拂尘扫几下，然后就悄然离去。第二天，郎中又来到村里，与昨天一样，如此这般再做了一番。一连五天过去，人们惊喜地发现自己的手脚开始有力气了，村里也不再有病人死亡。郎中告诉村民去悬崖下面的乌皮石洞里的泉水就可以治好疫病。村民将信将疑，抱着试试看的心理，着人去岩洞里取来“仙水”给病人喝下，果真奇迹出现，刚才还是奄奄一息的病人，立马就精神起来，可以下地里干活了。就这样，一传十，十传百，小溪所有病人都得以治愈。事后人们才想起要感谢郎中，却发现郎中不见了。有人在乌皮石洞捡到了一个药葫芦，上面刻有“大丰山欧阳真仙”的字样，村人这时才知道，是大丰山的欧阳真仙化身前来拯救百姓。村人万分感激，商议在小溪乌皮石洞里修建一小庙纪念郎中，尊称其为欧阳文仙。小溪周边十里八乡信众常来洞中朝拜，求医问药，香火十分旺盛。

真仙台前信众争先恐后敬香（红菇　摄影）

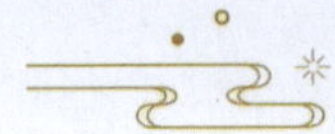

欧阳真仙童谣

（据清流下窠欧阳盛泰收集整理）

世清公　神仙翁

世清公
神仙翁
丰山得道上天宫
除灾降福道法高
保佑万民享清平

世清公
神仙仔
董母怀胎满一载
要出世
雷轰轰
雨淋淋
暗沉沉
世清出世哇一声
天映红光腾祥云

东来紫气盈门庭

世清公
神仙郎
遇贼偷瓜送竹篮
神仙分桃好心肠
送瓜篮
分桃咧
从小心就好善良
大一郎
神仙公
从小就是好勤劳
来帮大姐放牛羊
帮姐栽禾鸦帮忙

大丰山　神仙堂

大丰山
神仙堂
留下仙迹一行行
糯饭石
牛索路
青草冇尾牛吃呔
牛鞭倒插成竹林
香炉峰
寄仔岩

棋盘石上仙人来对弈

化身崖前睁一眼

丢了三斗三升麻咧官

麻咧官

麻咧籽

神仙旨渡自修行

常朝勤

晚修功

修三伏

练三九

无为清修辛又勤

辛又勤

功德圆满终成神

祛疾病

驱邪鬼

消灾厄

济世人

保安康

送子嗣

媒婚缘

京师祈雨降甘霖

保境安民出神兵

龙颜大喜亲封敕

通灵妙应真君是世清

欧阳真仙威名扬

护佑民众万年长

大一郎　送瓜篮

大一郎

好心肠

栽瓜遇贼送瓜篮

送瓜篮

贼股肓偷反帮忙

拔草捉虫忙又忙

一夜做到大天光

从此田里冇虫害

青菜绿

苋菜红

瓠咧粒瓜吊儿郎当

遇仙分桃

大一仔

分桃咧

桃咧大

桃咧红

三个桃子两个红

大的分给老叟翁

红的分给老嬷嬷

老叟吃得哈哈笑

老嬷吃得眯眯笑

还剩一个虫蛆半边桃

留给自家尝一尝

好甜好食对着笑

忽听老叟老嬷腾空把话留

大一仔你真是好善良

做得半仙上神坛

原来老叟老嬷是神仙

你道神仙哪一个

何仙姑娘娘吕洞宾

顺真道院远景规划图（李罗轩　供图）

附录

附 1

丰山仙源堂古迹碑记总志

裴应章

谨按嘉靖乙巳春，有知清流县事，讳桂芳，字季甫，陈公志叙载，丰山仙源堂今俗呼为丰山脚庵者。志云：顺真道院在县南罗村去城一百二十里，宋宝祐六年，道士张道清建。宋端拱年间，有传欧阳氏，邑上堡人，结炉修道，尸解在岩，乡人祀之。凡旱涝疫疠，祈辄感应，殊是灵响。其山极险峭，顶如磨磐，云气重复，秋方霁，山体全露。宋淳熙间，有刘道士与徒五六辈，裹粮，诛棘扪罗而上。行半日，渐见荒径，六日方至。其巅坦夷如砥地，可坐千人，有田地、棋局、丹灶散乱其间，疑为神仙窟宅，自是风景尤出丽表。

登谒必于夏末秋初。自山脚仙源堂起行三十里，乱峰如削，嵚巅潺涧奔雷，藤萝涧壑，怪松偃卧，令人骇目惊心。又十里，茶泉绕涧，挥汗掬饮，齿颊香生，肺肠沁涤。又十里，方至道院。山岭曲折，萦回而上，皆自仙源发步。

又考，丰山仙源堂记，永乐间欧阳之祖，讳贤，由国子监任广西知

事，欧阳杰任海州训导，并与状元张显宗同时贤杰等。因永乐二年，张为国子祭酒，求选丰山仙源堂碑记，叙载欧阳事迹及庵制基址、助田数有二千五百秤租，详纪镌石，以垂永久。迨变乱，凭陵道人侵没庵田，将碑竖堂厅，上面数目字样，日行销毁，模糊莫考。幸吾族存有簿籍备祀，仙源堂香田数处共二千五百秤，永远为三房嗣孙，每年朝拜隆祭，不得混淆错乱。其本堂道人照碑制常例，每岁清明办银三两，交欧阳三房子孙众办荷林始祖万春公祭需及完纳粮银云，具载碑文，不刊可述。

又按，欧阳氏旧志所载，想七郎公生七子，长曰大一，字世清，丰山顶庵尚载号称欧阳宝殿，金字熠耀，辉煌犹存，是知妙应自欧阳氏始也。生时，父想七公梦人骑仙鹿入房，母董太君妙真娘怀孕十有四月时。唐戊戌［申］年七月十五日午，时为妙应诞生之辰，降于坊里上堡阳坊。生际异香罩室，隐有云铙笙管之音，四达邻室。及生时，又露光灿烂，照耀户庭，天下初平，世界清晏，故以世清字焉。及长，颜色光润，目光如电，澄静冲和，举体轻捷，动静坐卧，与众迥殊，飘飘有凌云太虚之妙，年十六超悟元微。一日，偶游城郊小桥，遇二三道流，计日会游罗村之丰山，世清欢然乐从。盘桓于山，七昼夜勿倦，笑陡岩巅，呼吸云岚，不思谷食。道流去，坚志修持，不慕想尘俗，至四十二岁，功行方成，神通仙界，仿佛有老者授以仙桃。时八月初一，画见之事，相传祥云高蔽，鹤驭驾骖，相期侯云。

又按本传称，淳熙二年京师旱，天师奏孝宗宣福建清流欧阳世清入朝祈雨，召至祷坛。次日，甘霖大沛，朝里欢悦，宋封为通天妙应欧阳真君，送归丰山。后于元泰帝致和元年六月蜕化遗骨洞中，人皆神其灵感，函骨范金像身贮山中，众建庙宇，铁铸为瓦护之，其四时朝谒弗绝。一日，永安城郊溪潭有怪物，往往行舟被覆，仙忽召雷击之，怪浮水面乃巨龙也，后潭波澄寂，城郊人建庙植榕树大已十围矣，至今庙像精筋存焉。后凡水旱疫疾，祈求立应，城市各乡延祷四时无虚咎焉，游人于庙献诗颂其灵异焉。

又按，仙源堂香田常规碑载详明，因顺治年间族人与道人争竞讦告，被道人将碑上银两常例紧关字眼书行划削，致以常规久失，复将苗粮私割入户，我族宜念创立美意，仍当留心查复。

附 2

重修丰山沈氏碑记

张显宗

丰山者，今欧阳真仙宫阙，初故侍郎沈公佳城也。公讳彪，在宋有护卫功，诰封银青光禄大夫，检校国子监祭酒，兼殿中侍御史、上柱国，御赐名勇，字见义，别号冰洁；今不从彪者，从赐讳也。公先世居杭，宋入闽，娶夫人胡氏，生子二：长永钦，家连城，为连令；次路钦，家清流琴源。而丰山为清、连界道，公素往来，间览其奇峭葱郁，林壑幽闲，若蓬岛，若桃源，徘徊久之不能去。乃构数椽，携二三友人盘桓容与，而吞吐烟霞，时而吟弄风月。盖不知岁月之几何，而飘飘羽化矣。乃卒，葬其中，即真君殿座是也。时真君授吕仙秘，闻有投桃索藕之奇。迨绍兴己卯，望气云端，隐隐灵异，将卜宅于兹，而公冢存焉，则谓钦曰："此仙宫也。昔六祖假座具于亚仙而还其冢，功德无量，声施至今。若能为亚仙乎？当报以吉穴。"于是卜一里许改迁公冢。而真君遂从原坟右坐化焉，是为今之化身岩。钦奇其事，乃构堂宇塑像祀之，复置田数百亩为住持资。栋宇云回，亭阁雾隐，傍有丹灶汞鼎，围棋垒石。每当清霁之暇，时隐作丁丁声。直望为天香炉，睹旸谷初升，似浴日磨轮，奇踪奇迹，莫可胜书。骚人贵士会于兹者，祈求辄应，而雅韵芳题，尤难殚述。于是食其士（又作"主""土"）者，檀越公于左亦并祀，人人咸知有沈氏丰山云。迄今百有余载，沈氏螽斯衍荫，诜诜数万，而赋税田园，强居一邑之半；缙绅豪杰，鼎食钟明者累累，奚能屈指？吉穴之报，亶其然乎！余读

《传灯录》，见六祖亚仙之事，每心奇之。以今观于丰山，与亚仙辉映后先，不更奇乎？余既慕其灵异，具仰侍郎公之高节，神往者屡矣。适国子博士仲继沈君重修镌石，乞记于余。余与君有师生雅，故以夙所睹记者复其请。且以明鄙况，异日解带入山，与沈君登曲豆（丰）之巅，讲黄石、赤松故事，亦生平大快也。遂书以券。

附 3

重修丰山通真殿记

童选青

大丰山，初为沈冰洁公之佳城，继欧阳真仙宫也。当日，真人谓公子永钦、路钦曰："昔六祖假座具于亚仙而还具冢，功德无量。声施至今，若能为亚仙乎？当据此报以吉穴。"二公许焉。不数年，而真人羽化登仙矣。二公因创构堂宇于顶上，祀仙座于中，祀父祠于左，复置田数百亩，以给主持。事绩本末，具见府、县志及碑文、记、序，诸载靡不详悉确凿，固无俟鄙人饶舌也。然鄙人又不可无言者，何也？丰山顶上，殿宇巍然，迨至年深日久，雨坏风颓，沈姓修葺者屡矣，而终不敢私有其殿、私有其仙也。任人朝拜，任人施舍，乃往往因此而生端者，有二焉。一则灭祀争堂，饱棍徒奸僧之囊橐；一则捐金修殿，改开山檀越之姓名，致讦公庭，环生叠起。明崇祯间，府左樊公断还仙源堂，府尊笪公、邑尊李公断逐半山庵僧。本朝康熙间，府左卢公断归祀田，府尊鄢公杜灭祀碑记；连邑颜公移文，请清邑尊刘公及本省学宪汪公，断归标题梁上沈勇名字。若是者，何可屡述？乾隆间，有马君某和诸善士劘金修理。至若感仙功德、小补酬恩者，安可胜数？今沈公裔星五、仰颐，倡议重修丰山殿，非特二公子孙争先踊跃，即清、连好善诸君，亦莫不解囊劘美举。鄙人尝闻，真仙解疾厄丰稔，功德在人，与天地无终极，而山川大封名者，殆有时和年丰之意欤？今登此山者，宜乎生大欢喜，共庆丰年。是山永以大丰二字流传矣，诸善士亦可与此山俱传矣。

附 4

大丰山诗文选

大丰山，山极峭绝，其顶如磨，常有云气覆之，秋霁方露全体，人迹罕至。自古以来，不少文人墨客登临此山，感慨万端之余，留下许多诗文。

大丰山

赖世隆

万仞云峰护一山，九天风露透衣寒。
固知仙境多灵迹，莫向枰棋着意看。

又一

万冈云林耸碧山，九天风露透衣寒。
固知仙境多云迹，驿路游人莫惮难。

丰山岭上即事

裴应章

倚杖危峰上，烟霞嶂几重。
透迤盘古道，绝胜引仙踪。
露滴晴天雨，云低半岭松。
蓬壶何处是？天际一声钟。

顺真宫

裴应章

漠漠云封洞，巍巍地接天。
芝香田有玉，火伏鼎无烟。
宝树生奇萼，琼浆漱雨泉。
山高名自胜，况复有神仙。

香炉峰

裴应章

露积和烟湿，云飞拂曙流。
高凌霄汉迥，远眺海天浮。
光见五更日，寒生六月秋。
登临游兴爽，八极彷神游。

下棋峰

裴应章

攀石寻棋迹，悬崖一窍幽。
更无山上下，唯有日沉浮。
风马云车逝，苔枰藓磴留。
输赢都不论，一局几春秋。

游丰山

汤祖铉

翠微天半削芙蓉，直上高峰识几重？
云鹤有情邀静侣，白云随意傍游踪。
松花自老非经岁，足力谁先不倩筇？
极目仙源追往迹，雨烟空寂锁苔封。

七里林

汤祖铉

探奇真不负同登，拾得云岚又一层。
七里到来仍复岭，千寻挂去尽纡藤。
斜侵石磴晴霜湿，暗入春山乱雨腾。
响答顿生松籁合，却将苏啸出崚嶒。

题通仙桥

汤祖相

云里危桥结构奇，仙源利涉往来宜。
晴川日落青龙现，夜月星横铁锁垂。
丘壑平眈看欲足，津梁暂憩到曾疲。
潺湲细入幽思发，却为清吹杖履迟。

香炉峰

汤祖相

炉峰高接日苍旻，听出天然幻亦真。
篆散一林云窅霭，足分三面石璘珣。
撰成禹铸何年鼎，缀就龙纹满地蓁。
缥缈湘江身外落，暗香浮不碍飞尘。

丰山化身岩

伍宣之

壶天小小碧岩居，得就丹砂几岁余。
一似鹤归空色相，随将蝉蜕寄丘墟。
由来幻里身仍在，坐到人间世渐疏。
视我形骸原土木，半生厄劫未曾除。

下棋峰

伍蜚英

对弈峰头好问真，到来今见子磷磷。
着分先后枰初散，弹敛神棋劫几旬？
一局桑田成往事，千山花鸟历寒春。
谁如玉质迷归路，柯烂曾留易代身。

丰山诗

危映蛟

策杖随云度石桥，秋高木落雁边遥。
九天楼阁因风杳，半洞烟霞带露飘。
岩溜晴空山院雨，松吹夜寂海门潮。
修身炼得丹成日，挟我扶摇步碧霄。

丰山诗

雷可升

峻岭成峰上，仙居物外游。
日红初出海，云黑暮归楼。
岩剩峨眉雪，寒先白帝秋。
如何叱石后，不复见青牛？

香炉峰观日出

雷可升

为欲览奇观，披裘更未阑。
火轮连海赤，暑月受冰寒。
万里云犹黑，千山露正团。
却怜幽谷士，空恋夕阳残。

丰 山

伍晋锡

势若云霄讴有程，临风偃仰啸舒情。
悬岩露滴惊余雨，峭壁烟笼掩半晴。
云影虚浮疑雪立，山峰层翠接天行。
通仙曲曲桃源境，许渡危桥怪石横。

丰山诗

危列星

天际巍峰一望遥，松风隐隐海门潮。
眼看世界穷三岛，手接星辰上九霄。
丹灶棋峦清鹤唳，香炉峰顶吐蜃桥。
凭虚便欲飞异去，桃洞相期不待招。

丰山再见

叶宫桃

仙人一去访蓬洲，空掩间关待客游。
老树龙鳞前代种，高吟雁影数峰秋。
洞声起籁清闻啸，云气吹纹幻结楼。
石上诗名多剥灭，崖峦千载自悠悠。

半山庵即景

雷崇实

半岭飞烟绾翠环，玉兰金粟小琴山。
雷声耳沸龙潭瀑，径曲人游福地环。
庵子枕岩花笑佛，禅僧入定鸟啼关。
困投旅次频呼酒，仿佛罗浮扣饮间。

踰寄子岩次伯公亭

雷崇实

难于蜀道上青天，九折峡墠叱驭年。
虎踞岩旁闻寄子，羊肠坂曲挟飞仙。
一林鸟路亭如翼，四壁风松书不传。
拜罢邓公人静后，山梁思抱白云眠。

入七里林

雷崇实

先转峰回帀缘阴，七里透寒林谷幽。
不见晴空秋风日，山静常存太古心。
仙子彩囊盈柏露，群贤异地契苔岑。
如从深客登郎庙，万树高蝉报好音。

出林上拦牛石览古

雷崇实

豁然空翠挹清晖，出谷惊声听转微。
见说仙邱牛一窖，犹存旧址石重围。
颓垣断堑人间异，碧苏苍苔古色稀。
是否南山歌灿烂，成群且看叱如飞。

谒顺真宫

雷崇实

彩球飞入瑞烟笼，界上凡尘一扫空。
银阙乍收云气白，金衣斜照晚霞红。
雨师花境炎凉异，蓬岛长生日月同。
幸遇真人参妙应，前身修到广寒宫。

游化身岩

雷崇实

仙骨从来不染尘，三生石上脱凡身。
丹成九转岩余古，羽化千年洞自春。
破壁已飞乘鹤客，残碑尤识牧牛人。
伐毛洗髓曾无侣，此后阿谁后问津。

出岩登香炉峰远眺

雷崇实

久坐频惊透骨寒，负暄同上白云端。
炉烟不落三千界，鸾鸟空嗤九万搏。
红日照临天下小，青山淡远画中看。
部娄宫霍儿孙列，惟有香风起法坛。

探棋磐石

雷崇实

奇山奇树探奇情，奇石摩挲玉局横。
动静有无云关闭，赢输黑白界分明。
岂容橘叟巴邱戏，惟听秋风诲奕声。
用尽仙心人未识，拜渠丰骨本天成。

还豹隐馆留宿话旧

雷崇实

揖别行歌送夕阳，青衫犹染玉炉香。
故人止宿松荫下，不速同归豹隐房。
久话浑忘秋夜冷，残棋且听漏声长。
须臾就睡惊畴昔，梦合林皋乐未央。

丰山诗

张景奎

盘桓峻岭入仙疆，云锁高峰万壑苍。
徘徊四顾崎岖险，步履千层动植香。
飘飘飑似松风石，涓涓流如玉液浆。
试问方壶何所觅，祥光罩处牧牛乡。

丰山顶上即事

欧阳昭

峭拔奇峰透碧霄，清虚紫府白云桥。
晴岚返留群山小，霁色澄空四望遥。
霜降钟鸣知宝器，云飞石扣即员峤。
崔巍不与尘埃伍，棋局茶泉古迹超。

顺真宫

欧阳昭

入景舆弛号顺真，丹成九转有持循。
山风缥缈超凡品，灵愤壮岩隔世尘。
髣髴罗浮为伴侣，无殊海岛作芳邻。
炎炎午日凉侵骨，虎啸还疑博弈人。

题官坊洞

伍于和

览胜蓬莱小洞天，嶙峋景物列平泉。
岩依丰岳仙源近，水带潮声海气连。
晃映矶头穿柳月，寒侵鬼面落梅烟。
真人迹隐难穷尽，独有游情拜米颠。

清流大丰山

王宜峻

大丰山坐落于清流县赖坊乡东南，山高林密，怪松异石，云蒸霞蔚，雄奇瑰丽。主峰棋盘山海拔1705.7米，高耸入云，雄踞闽西，是清流县和周围各县最高的山峰。大丰山上有大小道观三座，供奉的主神是在此山修行得道的道家先师欧阳真仙。周围几百里信徒常来此朝拜进香，当然山中奇伟的自然景观也是吸引游人兴致前来的主要原因。

登游大丰山的最好季节是每年的夏末秋初，若秋深则雾瘴寒冷侵骨。此时山下尚是赤日炎炎，酷暑难耐，山上却寒生六月秋，春意犹浓，山花遍野，绿草如茵，游览者可乘车至山脚下的官坊村，经琴源水库附近，沿山岭石蹬登山，曲折盘旋，约三十里，当日可往返。

大丰山脚下的官坊村，是个美丽而宁静的村庄，民风淳朴。由于欧阳真仙的缘由，官坊村在每年正月十一至十五都要设坛打醮，正月十五的晚间还要举行谢神仪式。是时，官坊村民请来道士打醮，祭祀欧阳真仙，祈盼来年平安吉祥。至正月十六一早，赖坊陈家马坊的沈姓村民在鼓乐队的喧闹声中将阳仙公神像迎回本村打醮，整个醮事方算完毕。

官坊村口的山路边有脚下庵，又名仙源堂，始建于清咸丰年间，近年有进行整修，庵前是一片水面开阔的池塘，虽故垣旧瓦却显得古朴静穆。过了脚下庵，即可漫步登山，山行四五里，有小亭曰赵公亭，玲珑剔透，三面来风，游人多在此小憩。赵公，就是武财神赵公明，因道教神话中封正一玄坛元帅，故又名赵玄坛。出赵公亭上行十里，便是半山庵，供奉欧阳真仙、赖仙等神明。该庵始建于明万历年间，是原琴源村沈氏族众和大丰山沈氏宗祠沈侍郎公的裔孙合力所建。半山庵掩映在修竹绿树之中，清冽的山泉从庵前缓缓流过。游人登山前多在此小憩，喝一大碗庵里道人早备好的凉茶，打起精神，鼓起勇气继续登山。

出半山庵，沿石头铺设的古路上行，涧水潺潺，山风拂面。透过密密的树林，隐约可见大片墙基和绵延田埂，上面树木有碗口粗壮，想必这里先前居住了不少人。走不多远，见一面巨大的岩石悄然崛立于山道之旁，微微向前倾斜，仿若一位寻山的长者在向路人诉说着什么。这是游人上山见到的第一处景观。岩下是一小块平地，有自然风化而成的石几、石凳，游人多在岩下稍做休息。回首来路，大小山峦，环拱于脚下，20 世纪 70 年代动用了全县近半人口 5 万劳力，历时三年始成的琴源水库如碧玉镶嵌在脚下的青山白云之间，与天山共色。

由此往上，山势猛然险峻，山路更加难行。山涧、路旁的岩石缝隙中生长着遮天蔽日的古树，空气中弥漫着潮湿的味道，此处古称七里林，也作七里荫。林内高大的乔木和茂密的灌木杂生一起，红豆杉、长苞铁杉等珍奇树木随处可见，野生药材俯拾可得。树木、藤蔓径直向上伸长，令人惊叹其顽强的生命力。林间栖居各种鸟儿，一年四季发出不同的声音，深情地呼唤着伙伴。从前人们常会遇见成群结队的猴子，在树上采食野果，追逐嬉戏，向行人讨要食物。山涧飞泻的泉水，发出雷鸣般的轰响。古木悬岩，怪松偃蹇。跨过一条横在两块巨石上的小桥，可见一庵，名观音庵，山石为垣，精致小巧，有正殿、偏殿、厢房、山门等。庵前巨石便是传说中的寄子岩，仿佛天外来石。传说，从前有对夫妻因小孩重病高烧不退，决定去大丰山求欧阳真仙保佑，可是当他们抱着孩子去大丰山求神途中孩子却已亡命，于是他们暂将孩子的尸体放在路边的一块大石下面，打算朝拜真仙回来再处理。当他们朝拜真仙回来寻找大石下孩子尸体时，竟然发现孩子已经活过来了，而且高烧已退，还拿东西在吃呢。后来人们就称这块神奇的大石头为“寄子岩”。明代吏部尚书、清流城关人裴应章的《丰山岭上即事》：“倚仗危峰上，烟霞嶂几重。逶迤盘古道，绝胜引仙踪。露滴晴天雨，云低半岭松。蓬壶何处是？天际一声钟。”道出的何止是游子对仙人的仰慕。

愈往上，树木渐稀，在背风向阳的峭崖上，生长着形状古怪的松树，龙蟠虬结，顶平如削，伸出长长的松枝似在迎接客人。极目远望，远处苍翠的山峦与蓝天白云连成一片。经过土地亭，登山路途已过半。登游至此，顿时涌出无名的兴奋，劳累也不似先前。接近山顶，地势变得平缓起来，穿过一片密密匝匝的小径竹林，气势非凡的顺真道院就展现在眼前。道院修建在几座山峰相连的洼地处。古诗云：“漠漠云封洞，巍巍地接天。芝香田有玉，火伏鼎无烟。宝树生奇萼，琼浆漱雨泉。山高名自胜，况复有神仙。”顺真道院旧名丰山顶庵、欧阳宝殿，始建于宋淳熙年间，祀奉主神欧阳真仙。

大丰山是道家圣地。相传南宋淳熙年间（1174—1189），有个姓刘的道士率徒弟五人到山顶探险，发现一块平地，好像有人活动的痕迹。后得知此处曾是欧阳真仙修炼得道升仙的地方，为纪念欧阳真仙，当地信徒就在他修炼处盖了顺真道观。明永乐二年（1404）任广西知事的欧阳贤和海州训导欧阳杰，拜求当时的宁化状元张显宗撰写《丰山仙源堂碑记》，叙载欧阳真仙事迹及道观基址，欧阳仙踪亦几百年盛荣于此，每日朝拜者络绎不绝。传说中的神仙与名士人物在《清流县志》皆有史料记载可以考证。据《清流县志·人物志》称：“欧阳仙坊郭里人，名大一。结庐于丰

山顺真道院，养真修炼，后坐化。乡人祀之，极灵感，水、旱、疾、疫，有司及乡人迎之，随车雨而能动风雷。”20世纪50年代，为防止蒋介石敌特人员空降内陆高山，解放军在大丰山设立高山哨所，顺真道院曾作军事用地，长期驻扎一个班的战士。1956年，部队在福州的团部还拨款6000元对道院进行整修。1968年永安罗坊乡溪源村火烧山，致道院化为灰烬残存瓦砾，但木头雕刻的欧阳真仙神像却奇迹般存留下来。1981年，落实党的宗教工作政策，赖坊、灵地等地道士、信徒捐资出力，助工助料，修复旧观，供奉元始天尊、太上老君、玉皇大帝、王母娘娘、欧阳真仙、五谷真仙等神明，每年农历七月十五日欧阳真仙生日这天，道院都要举办隆重庆典活动。是时，周边各地信众来此朝拜者络绎不绝。

道院依棋盘峰而建，坐南朝北，院宇系两层土木结构，为防大风雨，屋顶上原来盖的是每片十几斤重的铁瓦，后来由于雨浸风蚀，大多损毁，现在暂时用铁皮覆盖，却没有了从前肃穆庄严。道院上层为正殿、偏殿，下层为带楼走廊，中设天井，楼上可供游人香客住宿及住庙的道徒休息，建筑面积260余平方米。近年，为发展旅游业，大丰山开通了公路，游人大增。

道院前后群峰连绵，茂草青青，绿波翻滚，面积1万多亩，一派勃勃生机景象。前对马山上有一仙人化身岩洞。传说，欧阳世清16岁超悟元微。一天，偶游城郊小桥，遇二三道士，合计游大丰山，在山上住七天七夜，不思谷食，坚志修炼，不慕想尘俗，至42岁功行方成，神通仙界。就在这年的八月初一，他在大丰山的山洞中修炼羽化而去。元致和元年（1328）六月，人们在大丰山上发现其蜕化在洞中的遗骨，人皆神其灵威，函骨范金像贮山中，重修庙宇，铸铁瓦，四时朝谒。这个山洞就是化身岩。古人游化身岩有诗云：“壶天小小碧岩居，得就丹砂几岁余。一似鹤归空色相，随将蝉蜕寄丘墟。由来幻里身仍在，坐到人间世渐疏。视我形骸原土木，半生灰劫未曾除。”视线掠过马山，再往前便是海拔1697

米的香炉峰了，峰顶上置放一巨大铁铸香炉。拜谒者登此焚香常少间云起，则对面不见。古诗云：“露积和烟湿，云飞拂曙流。高凌霄汉迥，远眺海天浮。光见五更日，寒生六月秋。登临游兴爽，八极彷神游。”在此修身养性，真乃得天独厚也！

道院背倚的棋盘峰是大丰山的极顶，海拔 1705.7 米，顶上有一平坦的巨石，上面错落散置着石块，俨然是一盘未下完的残棋。“攀石寻棋迹，悬崖一窍幽。更无山上下，唯有日沉浮。风马云车逝，苔枰藓磴留。输赢都不论，一局几春秋。”是啊，这盘棋也下得太久了。高处不胜寒，明代清邑诗人赖世隆登临此山写下了：“万仞云峰护一山，九天风露透衣寒。固知仙境多灵迹，莫向枰棋着意看。”的确，这人间的天上竟也这般不同。

香炉峰、棋盘峰是游人观日出最佳地点，每年夏秋时节，有不少游人乘兴登临观日出。云海如烟，金碧交辉，如海涛浴日，仿若仙境。“为欲览奇观，披裘更未阑。火轮连海赤，暑月受冰寒。万里云犹黑，千山露正团。却怜幽谷士，空恋夕阳残。”道出了多少游人心绪。棋盘峰为大丰山最高峰，意境神秘，北面是极陡的山崖，壁立千仞，游人不敢站立下望岩底，伏地俯视，岩下怪石峥嵘，石笋如林，气势磅礴。

“山高名自胜，况复有神仙。”大丰山上还有化身岩、道士髻、炼丹炉、饭干石等诸多景观。每处景观均有欧阳真仙的神奇传说故事，耐人寻味，游人香客能不乘兴而来兴尽而返？

（原刊于《海峡道教》2014 年第一期）

后 记

岁月逝水过，多少往来客。乡情有所系，寻真终致远。

2008年，我曾与李升宝先生合著《欧阳真仙寻踪》一书，记述了以大丰山为核心区域的欧阳真仙信俗文化产生、发展及传播的一些情况，此书的出版为深入研究欧阳真仙信俗文化，发挥其正向引导等方面起到了一定积极作用。在此基础上，欧阳真仙信俗文化研究得到各级政府的重视，2019年12月，欧阳真仙信俗获批准列入福建省第六批非物质文化遗产保护名录。

十二载光阴，弹指一挥间，对欧阳真仙信俗文化的研究一直在向深度、广度延伸。如今回头审视2008年版《欧阳真仙寻踪》一书，感到遗憾重重，特别是受当时人力、资金和交通的制约，田野考察不深入，加之编写人自身认识不高，未能充分获取欧阳真仙信俗活动的分布情况、传播路径、受众群体、演变差异等，研究停留在表层上，存在记述和分析上差误。于是，决定编著《问道大丰山》，对欧阳真仙信俗文化进行更加深入研究的话题被多次提起。同时还由于我供职部门县委史志室挂包赖坊镇官坊村的缘故，官坊村“两委”班子有意通过挖掘传统文化以进一步提升官坊村的对外形象。县委史志室和县非物质遗产保护中心，以及欧阳真仙文化传媒有限公司、清流大丰山欧阳世清信俗文化研究会决定将该书出版列入当年工作内容。在众多热心人士的共同努力下，2019年下半年正式启动这项工作，历经一年时间终于成书。

此次编写仍以“寻踪”为主线。陈汝辉、夏永麟、林福旺、上官新庆、上官生林、罗钦涛、欧阳丹、欧阳长惠、欧阳圣忠、童开华、赖招秀、陈金辉、邹福根等热心人士一同参与了此番寻踪行动。跋山涉水，访道觅仙。寻踪突出田野考察、实地探访。大丰山、老盈山、员峰山、云霄岩……身临其境，与自然相融，对“天人合一”的欧阳真仙信俗文化有了更真切体悟。拨云见日，窥见真颜。永安、连城、宁化、明溪、沙县、三元、新罗、惠安等地百余处供奉欧阳真仙的大小宫观，真仙事迹溯出有源、源出有据，打醮纪念方式大同小异。

寻踪亦是寻真，更是寻衷。寻踪的足迹从山地延伸到大海，每次行动都非常顺利，似有神助。去探访连城县揭乐乡小地村的太星庵那天，暴雨倾盆，道路正在修建中，异常泥泞，但大家仍决定一往无前，汽车数次漂移，却是有惊无险。唯一有一回在三元区莘口镇炉洋村的下炉，我们向几名在村部看电视的妇女打探欧阳真仙，皆神情戒备回答不知情，路遇一老汉便向其打探，但由于老人年纪大，语言含糊不能给出确切答案，我们只好作罢，但寻踪没有止步。

作为闽西客家地区民众信仰的本土神明，欧阳真仙与其他地方的本土神明相比，其活动和崇拜形式都具有其独特而鲜明的文化特色。欧阳真仙信仰如何从闽西向赣粤乃至海外地区拓展，欧阳真仙崇拜如何由祖先崇拜演进为神仙崇拜，欧阳真仙信俗文化各地有什么特点及在传播当中发生哪些变化，这些都是大家十分期许和关注的重点。尽管各地对欧阳真仙有不同的说法，但不同地域的信众，他们对欧阳真仙崇敬却是高度一致。清流、永安、连城、宁化、沙县、三元等地，不少信众家里的神龛上挂着去大丰山朝拜时的彩幡，由衷地表达热爱欧阳真仙这一传统民俗文化的情结。一路颠簸寻觅欧阳真仙足迹，也一路触摸欧阳真仙信俗在闽西民间深

厚土壤上最沉稳的脉搏，许多闻所未闻、见所未见的史实、传说纷纷呈现眼前。欧阳真仙信俗以其“团结、友爱、互助、向善、正义”的文化内涵，在民间展示了强大的精神力量，呈现出传统文化历久弥新的无穷魅力和深远影响力。令人感慨，令人震撼！

一路寻踪，一路收获，许多意外和惊喜纷至沓来。通过对100余处崇祀欧阳真仙宫庙进行探访，充实完善许多原来没有关注到的内容，修正原来一些片面认识，对欧阳真仙信俗文化研究有了新的高度。之所以要这么一地一地逐个宫庙进行察访，就是把它的独特性以及大量的细节和关联性问题调查清楚，以研究报告的形式，告知大家欧阳真仙信俗文化形成、分布、演变的历史、特点，以及对当地传统文化的影响等。但此次寻踪，仍有不少遗憾。由于欧阳真仙的踪迹分布十分广泛，而寻踪的脚步却不能一一涉足。因此还向长汀、武平、永定、上杭，甚至更远至江西宁都、瑞金、石城，广东汕头、珠海及中国香港、中国台湾等地和新加坡等国的友人发出问询。虽然也得到了一些比较肯定的答案，但多数还是比较含糊，无法确定。若能充实这部分资料并进行研究分析，本书质量和利用价值或将得到进一步提升。

历时一年有余，终于成书欲待付梓。在等待出版的过程中，又有新的发现，增删了一些文字。几多艰辛，几许感悟，均汇于此。问道丰山岩云处，仙踪千载尚依然。本书在编写过程中，得到了三明、永安、宁化、明溪、沙县、三元（梅列）等地的史志室、民宗局及三明市道教协会、清流县道教协会、连城县道教协会、宁化县佛教协会的鼎力支持，笔者得以顺利探访各地供奉欧阳真仙的主要宫庙，深入了解了这些宫庙和醮会活动的一些情况，使寻踪取得了不小收获。原华侨大学哲学与社会发展学院黄海德教授、三明市道教协会咨议会主席李德轩道长欣然为本书作序。此次田野调查行动，还得到郑毅、曾钦平、范衍冰、茅露姬、张远福、高忠意、崔毅、钟耀凤、陈春雅、林开壮、谢仁海、张汉江、鲍立照、鲍招娣、张永兴、张发富、管其乾、欧阳盛礼、张华、兰茶英、邹晨烨等有缘人的帮助。在本书付印之际，对他们的热心帮助支持表示衷心感谢！书中“欧阳真仙传说”多从前书和有关书籍中选摘并重新编写，本书的一些观点受到魏德毓先生撰写的《闽西客家的真仙信仰与祖先崇拜：清流大丰山的象征意义》启发，赖坊庙会、蛟坑庙会、俞坊醮会还分别参阅了上官新先生撰写的《赖坊庙会》、陈根发先生撰写的《蛟坑庙会记》和俞雄辉先生撰写的《俞坊庙会》等文章，对相关原创者的辛勤付出和不吝赐教，在此亦当表达谢意。

由于时间仓促和水平有限，书中难免存在不妥和错误，恳请读者批评指正。

王宜峻

2023年10月